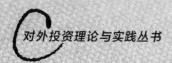

对外投资理论与实践丛书

OUTWARD FOREIGN DIRECT INVESTMENT AND
PARENT FIRM ECONOMIC PERFORMANCE
INFLUENTIAL EFFECT AND MODERATE EFFECT

对外直接投资与母公司经济绩效

影响效应与调节效应

张倩肖　冯　雷◎著

经济管理出版社
ECONOMY & MANAGEMENT PUBLISHING HOUSE

图书在版编目（CIP）数据

对外直接投资与母公司经济绩效：影响效应与调节效应/张倩肖，冯雷著. —北京：经济管理出版社，2020. 10

ISBN 978-7-5096-7579-3

Ⅰ. ①对… Ⅱ. ①张… ②冯… Ⅲ. ①对外投资—直接投资—影响—公司—经济绩效—研究 Ⅳ. ①F272. 5

中国版本图书馆 CIP 数据核字（2020）第 169728 号

组稿编辑：王光艳

责任编辑：许　艳

责任印制：黄章平

责任校对：董杉珊

出版发行：经济管理出版社

　　　　　（北京市海淀区北蜂窝 8 号中雅大厦 A 座 11 层　100038）

网　　址：www. E-mp. com. cn

电　　话：(010) 51915602

印　　刷：唐山昊达印刷有限公司

经　　销：新华书店

开　　本：710mm×1000mm /16

印　　张：11. 5

字　　数：200 千字

版　　次：2020 年 10 月第 1 版　　2020 年 10 月第 1 次印刷

书　　号：ISBN 978-7-5096-7579-3

定　　价：68. 00 元

前　言

对外直接投资（Outward Foreign Direct Investment，OFDI）是指一国投资者输出资本，直接在海外开办工厂，设立分支机构，或收买当地原有企业，或与当地政府、团体、私人企业合作，从而获得各种直接经营企业的权利。对外直接投资是对外投资企业获得海外市场、资源、效率、战略资产等的重要手段。随着经济全球化、一体化的发展以及新兴经济国家的崛起，新兴经济国家的跨国公司也积极参与全球竞争、寻求新的发展机遇。中国作为最大的新兴经济国家，自2001年《中华人民共和国国民经济和社会发展第十个五年计划纲要》正式提出"走出去"战略以来，在国家和各级地方政府的政策鼓励和支持下，越来越多的企业选择进行对外直接投资，中国对外直接投资的规模呈现快速增长势头。与此同时，中国对外直接投资的行业结构趋于优化，对外直接投资方式创新显现，欧洲和非洲成为目前中国对外直接投资流量增长最快的地区。然而，随着中国对外直接投资规模的不断扩大，投资区域不断延伸，涉及的投资行业、投资动机也日益多元化，中国企业对外直接投资也面临着更多阻力和风险。近年来，对外投资失败案例频发，对外直接投资企业绩效问题引起社会各界的广泛关注。中国企业对外直接投资的绩效到底如何？中国企业对外直接投资对母公司经济绩效会产生什么样的影响效应？企业的异质性是否会影响对外直接投资与母公司经济绩效关系？关于这些问题的研究对中国政府制定和完善对外投资政策和服务体系、企业进行海外投资决策等具有非常重要的理论意义和现实指导意义。

本书在研究中采用双重差分倾向评分匹配方法（Propensity Score Matching and Difference-In-Differences，PSM-DID）估计中国对外直接投资对母公司经济绩效、企业异质性对对外直接投资与母公司经济绩效关系的静态效应和动态效应的静态分析与动态分析相结合的方法，同时综合采用理论与实践相结合以及文献归纳、比较分析等研究方法，深入研究中国对外直接投资对母公司经济绩效的影响效应和企业异质性对对外直接投资与母公司经济绩效关系的调节效应。

本书首先在对现有研究文献进行梳理的基础上，构建一个关于对外直接投资与母公司经济绩效关系的综合理论视角框架，分析对外直接投资对母公司经济绩效的影响机理，以及投资模式、投资动机、投资区位和投资广度对对外直接投资与母公司经济绩效关系的调节机理；其次使用2007~2016年194453家中国企业的经验数据，采用固定效应面板模型估算企业的全要素生产率，并采用简单的普通最小二乘法检验对对外直接投资企业是否存在生产率的"自我选择效应"；为了控制企业对外直接投资的"自我选择效应"的影响，客观评估对外直接投资对母公司经济绩效的影响，进而采用PSM-DID方法中的核匹配对OFDI企业组与非OFDI企业组进行匹配，获得匹配样本，并对匹配效果进行相关检验；然后采用双向固定效应DID方法估计对外直接投资对母公司经济绩效的静态影响效应和动态影响效应，并进一步检验投资模式、投资动机、投资区位和投资广度对对外直接投资与母公司经济绩效关系的静态和动态调节效应；最后基于实证结论提出中国政府调整和优化现有对外投资政策和服务体系、企业制定"走出去"战略和选择"走出去"方式等方面的相关建议。

通过实证研究，本书得出如下主要结论：①中国对外直接投资提升了母公司生产率并扩大了规模，但抑制了母公司财务效率的改善。与非对外直接投资企业相比，企业从事对外直接投资使母公司全要素生产率、劳动生产率、就业和销售额均得以提高，但使母公司资本收益率降低，而对母公司毛利率没有显著影响。②中国对外直接投资对母公司经济绩效产生了动态影响效应。企业对外直接投资对母公司生产率产生滞后影响，两者之间呈反S形关系；企业对外直接投资对母公司就业和销售额也存在明显的滞后影响效应，两者之间呈现V形关系；企业对外直接投资对母公司财务绩效也存在明显的滞后影响效应，两者之间基本上呈现负相关的线性关系。③与绿地投资相比，跨国并购对母公司生产率和规模能够产生较高的促进作用，而且随着时间的推移，其促进作用呈现下降趋势甚至逆转为抑制作用；跨国并购对母公司财务效率的抑制作用也明显高于绿地投资，但其抑制作用随着时间推移也明显弱化甚至转变为促进作用。④与其他投资动机相比，当地生产型对外直接投资对母公司生产率和规模产生较高的促进作用，对母公司财务效率产生较小的抑制作用；随着时间推移，四种投资动机对母公司经济绩效的影响效应均呈现弱化趋势，其中当地生产型的影响效应持续时间较长，而商贸服务型和技术研发型的影响效应持续时间较短。⑤与投向发展中国家的对外直接投资相比，投向发达国家的对外直接投资对母公司生产率和规模会产生较大的促进作用，对母公司财务效率产生较强的抑制作用；随着时间推移，投向发达国家和投向发展中国家的对外直接投资对母公司经济绩效的影响效应呈现弱化趋势。⑥与投向单个东道国的对外直接投资相比，投向多个东道国的对外直接投资对母公司生产率和规模能够产生较大的促进作用，对母公司财务效率产生较强的抑制作用；随着时间推移，投向单个东道国和投向多个东道国的对外直接投资对母公司经济绩效的影响效应均呈现弱化趋势。

与现有研究文献相比，本书的探索性工作主要体现在：①构建多理论综合视角框架分析对外直接投资对母公司经济绩效的影响效应以及企业异质性对对外直接投资与母公司经济绩效关系的调节效应。现有的各种理论在一定程度上解释了企业对外直接投资对母公司经济绩效的影响，对于理解对外直接投资与母公司经济绩效的关系做出了重要贡献，但没有一种理论能够完全解释对外直接投资与母公司经济绩效的关系，多理论的整合显得尤为必要。本书将内部化理论、国际生产折衷理论、资源基础理论、边际产业转移理论、外来者劣势、组织学习理论等多种理论结合起来，试图从多理论综合视角分析对外直接投资与母公司经济绩效的关系，以及对外直接投资对母公司经济绩效的影响机理和企业异质性对对外直接投资与母公司经济绩效关系的调节机理。②使用多种指标较全面地衡量企业经济绩效。现有研究文献在分析企业对外直接投资对其绩效的影响时，主要集中在对企业生产率的影响，涉及企业利润问题的研究文献明显欠缺。生产率和利润率一样，是衡量企业经济绩效的重要指标之一。从理论上讲，生产率反映企业内部的生产能力，但实际在测度企业生产率时，由于缺少的价格方面的数据，只能通常用产值数据代替，测度的企业生产率与企业实际生产率水平存在偏差。而利润率指标不仅体现了企业内部的生产能力，也体现了外部市场对其产品的需求水平，是企业内部生产能力与外部市场需求交互作用而形成的企业经济绩效。本书在研究过程中使用了全要素生产率、劳动生产率、就业、销售额、资本收益率和毛利率等多种指标，从多方面较为全面地衡量了企业经济绩效。③从投资动机、投资模式、投资区位和投资广度四个方面分析了企业异质性对 OFDI-母公司经济绩效关系的调节效应。现有关于对外直接投资与企业绩效关系的研究文献，大多数分析了投资动机和投资区位对对外直接投资企业生产率的影响，也有个别文献分析了投资广度对 OFDI 企业利润率的影响，但目前尚未有文献同时从 OFDI 的前因变量投资动机和 OFDI 决策变量投资模式、投资区位和投资广度分析其对 OFDI-母公司经济绩效关系的调节效应。④从静态和动态层面上分析了对外直接投资对母公司经济绩效的影响效应以及企业异质性对 OFDI-母公司经济绩效关系的调节效应。本书使用 PSM-DID 方法在静态层面上检验企业对外直接投资对母公司经济绩效影响效应的基础上，进一步检验了进入东道国市场 1~5 年后对外直接投资对母公司经济绩效的影响效应的变动趋势；同时也对不同投资动机、投资区位、投资广度和投资模式调节 OFDI-母公司经济绩效关系静态效应和动态效应进行了详细的比较分析，从而对现有研究文献存在的实证结论不一致甚至相互矛盾之处做出一定的解释。

目 录

第一章

引　言

第一节　研究背景与研究意义

随着经济全球化、一体化的发展以及新兴经济国家的崛起，新兴经济国家的跨国公司积极参与全球竞争、寻求新的发展机遇。中国作为最大的新兴经济国家，自 2001 年《中华人民共和国国民经济和社会发展第十个五年计划纲要》正式提出"走出去"战略以来，在国家和各级地方政府的政策鼓励和支持下，越来越多的企业选择对外直接投资，中国对外直接投资的规模呈现快速增长势头。联合国贸易和发展会议（UNCTAD）发布的《2019 年世界投资报告》显示，2018 年全球对外直接投资流量为 10141.7 亿美元，比 2017 年的 14254.4 亿美元减少了 28.9%。面对错综复杂的国际投资环境，中国深入贯彻新发展理念，以"一带一路"建设为重点，按照"政府引导、企业主体、市场运作、国际惯例"的原则，加大政策引导和公共服务力度，2018 年中国对外直接投资稳步有序发展，对外直接投资流量占全球份额创历史新高，连续三年超过 10%，位列全球第二；中国对外直接投资存量占全球的比重也进一步提高，对全球外国直接投资的影响力持续扩大。据《2018 年中国对外直接投资统计公报》统计，2018 年中国对外直接投资流量为 1430.4 亿美元，同比下降 9.6%，但对外直接投资规模有所收缩的同时投资结构却进一步优化，投资效率进一步改善。2018 年中国对外直接投资涉及国民经济 18 个行业大类，主要流向传统的租赁和商务服务业、金融业、制造业、批发和零售业，流向信息传输、科学研究和技术服务、文化等领域的投资迅速增长；中国对外直接投资方式创新显现，主要包括绿地投资、跨国并购、联合投资、股权置换、返程投资等形式，绿地投资依然是中国对外直接投资的主要方式，跨国并购稳步发展，制造业、采矿业和电力、交通、水利等基础设施领域并购活跃；对非洲和美洲的投资快速增长，成为2018年中国对外直接投资流量增长最快的地区，亚洲依然是中国对外直接投资最主要的流向目的地。

随着中国对外直接投资规模的不断扩大，投资区域不断延伸，涉及的投资行业、投资动机也日益多元化。中国企业海外经营也面临着重重阻力和风险，因而对外直接投资企业绩效问题引起了社会各界的广泛关注。在过去20年特别是最近10年，中国企业对外直接投资取得了丰硕的成果，但也存在不少失败案例。例如，2009年上海汽车集团总公司与韩国双龙汽车公司并购后整合失败、2009年中国铝业公司与澳大利亚力拓集团的195亿美元"世纪大交易"失败、近年来华为、阿里巴巴等在美国并购的失败等。国际知名资本市场数据供应商Dealogic咨询公司在2011年的分析报告中指出，中国企业海外并购失败率达到12%，居全球最高，而美国和英国跨国并购失败率仅为2%和1%。[①] 来自麦肯锡的研究报告指出，"中企过去十年的跨境并购成绩并不如意。约60%的交易、近300宗、约合3000亿美元，并没有为中国买家创造实际价值"[②]。因此，基于上述研究背景，有必要深入研究企业从事对外直接投资活动通过什么样的机理、如何影响母公司的经济绩效，以及企业进入海外市场的动机、模式、区位、广度等如何调节对外直接投资与母公司经济绩效的关系。

学术界关于对外直接投资的研究十分活跃，研究成果丰硕。对外直接投资理论从第二次世界大战后开始兴起和发展，最初的垄断优势理论、内部化理论、产品生命周期理论、边际产业扩展理论、国际生产折衷理论等传统对外直接投资理论主要关注企业进行对外直接投资的动因。20世纪90年代以来在对传统对外直接投资理论进行发展和完善的同时，研究者开始利用资源基础论、组织学习、制度、网络和实物期权等新引进的理论发展和验证对外直接投资理论。新理论的引入标志着对外直接投资的理论研究焦点从交易、交易成本最小化转向企业海外市场资源配置、跨国并购、绩效等方面。21世纪以来，有关对外直接投资的研究文献大多采用多理论视角的分析框架，几乎所有研究都在尝试用一种理论补充说明另一种理论的局限性，如内部化/交易成本理论与资源基础理论的整合、交易成本理论与制度理论的整合、制度理论与资源基础理论的整合

---

① 资料来源：http://news.xinhuanet.com/fortune/2011-02/25.htm。
② 参见麦肯锡战略与公司金融咨询业务部2017年发布的《中企跨境并购袖珍指南》。

等。虽然上述理论在一定程度上解释了企业对外直接投资对母公司经济绩效的影响，对于理解对外直接投资与公司经济绩效的关系做出了重要贡献，但没有一种理论能够完全解释对外直接投资与公司经济绩效的关系。因此，客观地理解和评估对外直接投资及其绩效问题，从多种理论整合的视角进行研究就显得尤为重要。实证研究方面，关于对外直接投资与企业绩效问题的研究文献相对较少，早期研究文献多从国家和产业层面分析对外直接投资的母国效应，主要分析对外直接投资对母国产出、生产率、投资、就业的影响。近年来，从企业微观层面分析对外直接投资对母公司经济绩效影响的文献逐渐增多，但研究结论混杂，甚至互相矛盾。

中国作为全球第二大对外直接投资的输出国，作为"一带一路"倡议的倡导者和推动者，在未来"一带一路"建设中中国企业对外直接投资也将扮演日益重要的角色，甚至可以说中国企业对外直接投资的成败决定着未来"一带一路"建设的顺利推进。然而自2008年全球金融危机以来，国际政治、经济、外交形势变幻莫测，特别是2016年以来英国脱欧、美国退出跨太平洋伙伴关系协定等事件相继发生，以及特朗普当选美国总统后所提出的提高关税、反对自由贸易、控制移民等政策，使逆全球化思潮愈演愈烈。欧美发达国家通常以国家安全、产业安全等为幌子设置保护主义门槛，从而导致中国企业对外直接投资面临的风险和挑战日益增加。有效规避企业对外直接投资过程中面临的风险，降低企业海外经营中的额外成本和外来者劣势，提高对外投资绩效，优化全球范围内的资源配置，不仅关乎企业的长期持续发展，对实现"一带一路"建设目标、实现中国经济高质量发展也至关重要。本书在分析对外直接投资对母公司经济绩效影响机理以及企业对外投资战略选择异质性即投资模式、投资动机、投资区位和投资广度对对外直接投资与母公司经济绩效关系调节机理的基础上，采用PSM-DID方法检验了企业对外直接投资对母公司经济绩效的静态影响效应和动态影响效应，以及投资模式、投资动机、投资区位和投资广度对对外直接投资与母公司经济绩效关系调节效应，以期对中国对外直接投资如何通过资源再配置效应、规模经济效应、逆向技术溢出效应、外来者劣势等机理影响母公司经济绩效的相关问题提供全面、客观的解读，并为进一步加强和完善对外直接投资管理、提升对外直接投资经济绩效提供相应的政策建议。

第二节 研究思路与研究方法

一、研究思路

首先，本书在对现有研究文献进行梳理的基础上，以多理论综合视角构建一个关于对外直接投资与母公司经济绩效关系的综合理论视角框架，分析对外直接投资对母公司经济绩效影响机理，以及投资模式、投资动机、投资区位和投资广度对对外直接投资与母公司经济绩效关系的调节机理，提出研究假设。其次，使用2007~2016年194453家中国企业的经验数据，采用带有固定效应面板模型估算企业的全要素生产率，并采用简单的普通最小二乘法检验对外直接投资企业是否存在生产率的"自我选择效应"。再次，为了控制企业对外直接投资的"自我选择效应"的影响，客观评估对外直接投资对母公司经济绩效的影响，采用倾向评分匹配方法中的核匹配对 OFDI 企业组与非 OFDI 企业组进行匹配，获得匹配样本，并对匹配效果进行相关检验。又次，采用双向固定效应 DID 方法估计对外直接投资对母公司经济绩效的静态影响效应和动态影响效应，并进一步检验投资模式、投资动机、投资区位和投资广度对对外直接投资与母公司经济绩效关系的静态和动态调节效应。最后，基于实证结论提出中国政府调整和优化现有对外投资政策和服务体系、企业制定"走出去"战略和选择"走出去"方式等方面的相关建议。

二、研究方法

本书研究过程主要采用了文献归纳法、比较分析法、静态分析与动态分析相结合的方法等。

（1）文献归纳法。文献归纳是形成研究思路和视角框架的基础性工作。本书通过在 EBSCO、Springer、Web of Science、知网等数据库以及百度、谷歌等相关搜索引擎中，广泛搜索、查阅与对外直接投资、企业经济绩效等相关的理论与研究文献，并对相关理论与文献进行系统阅读与梳理。文献归纳法主要应用于第二章的文献综述以及第四章的理论分析和研究假设的提出。

（2）比较分析法。比较分析法是贯穿全书的一个主要研究方法。在第四章的理论分析和第七章的调节效应检验中，我们比较了企业不同投资模式、投资动机、投资区位、投资广度对对外直接投资与母公司经济绩效关系的调节机理与效应；第六章和第七章我们比较了对外直接投资、投资模式、投资动机、投资区位等对母公司经济绩效的静态影响效应和动态影响效应。

（3）静态分析与动态分析相结合的方法。静态分析与动态分析相结合的方法主要体现在本书的第六章和第七章。本书使用2007~2016年中国企业微观数据，采用PSM-DID方法估计中国企业对外直接投资对母公司经济绩效的影响效应和企业异质性对对外直接投资与母公司经济绩效关系的调节效应。具体而言，在静态分析层面上主要分析企业从事对外直接投资当年对外直接投资对母公司经济绩效的影响效应，以及投资模式、投资动机、投资区位和投资广度对对外直接投资与母公司经济绩效关系的调节效应；在动态层面上主要分析企业对外直接投资1~5年后其对母公司经济绩效的滞后影响效应，以及投资模式、投资动机、投资区位和投资广度对对外直接投资与母公司经济绩效关系的动态调节效应。

第三节　研究内容与研究框架

一、研究内容

本书研究内容共分八章，具体包括：

第一章为引言。从研究背景入手提出本书主要的研究问题，阐述研究的理论意义和现实意义，确定研究思路、研究框架和研究方法，说明研究内容，提出本书研究的主要创新点。

第二章为对外直接投资理论与经验研究现状。梳理对外直接投资与企业经济绩效的相关理论研究进展和研究文献，为本书研究提供一个逻辑起点。首先较为详细地梳理了对外直接投资理论的研究进展和未来的研究方向；其次总结和分析了对外直接投资对企业经济绩效的影响方向和影响程度；最后梳理了投资模式、投资动机、投资区位、投资广度、制度距离等对对外直接投资与母公司经济绩效关系的调节作用。

第三章为中国对外直接投资发展现状分析。详细描述了中国对外直接投资从小到大、从弱到强、从区域到全球逐步发展壮大过程所经历的萌芽、探索发展、快速发展、全面发展和转型调整五个发展阶段，剖析了中国对外直接投资行业、区位、模式、动机等从单一演变为多元化的趋势。

第四章为企业对外直接投资与母公司经济绩效的理论分析。在现有研究的基础上，构建了一个多理论综合视角框架，分析了对外直接投资与母公司经济绩效的关系；基于内部化理论、国际生产折衷理论、资源基础理论、外来者劣势、组织学习理论等多理论综合视角，分析对外直接投资对母公司经济绩效的影响机理，以及投资模式、投资动机、投资区位和投资广度对对外直接投资与母公司经济绩效关系的调节机理。

第五章为实证策略与预先性分析。在对本书研究所用数据来源进行说明和数据处理的基础上，采用固定效应面板模型估算企业的全要素生产率；采用普通最小二乘法对企业对外直接投资与母公司经济绩效进行初步估计，说明从事对外直接投资的企业可能存在生产率的"自我选择效应"；为控制对外直接投资企业可能存在生产率的"自我选择效应"，构建准自然实验的 PSM-DID 模型；采用倾向评分方法中的核匹配进行样本匹配，并进行平衡性等相关检验。

第六章为企业对外直接投资影响母公司经济绩效的效应检验。基于第五章的匹配样本和构建的基本计量模型，采用双向固定效应的 DID 方法估计了对外直接投资对母公司经济绩效的静态影响效应和动态影响效应，并采用改变样本匹配方法和改变样本时间跨度的方法对上述估计结果进行稳健性检验。

第七章为企业异质性对 OFDI-母公司经济绩效关系的调节效应检验。基于第五章的匹配样本，在第六章估计结果的基础上，加入表示对外直接投资企业异质性的虚拟变量，检验和比较了绿地投资与跨国并购、商贸服务等四种投资动机，以及投向发达国家和投向发展中国家、投向单一东道国和投向多个东道国对对外直接投资与母公司经济绩效关系的静态和动态调节效应。

第八章为研究结论与政策建议。主要对全书研究内容进行总结，得出研究结论；并基于本书的研究结论，给出各级政府健全和完善对外投资政策和服务体系、企业制定"做出去"进而"走进去"到"走上去"战略等方面的相关建议；并指出未来有待于进一步研究的方向。

二、研究框架

本书的研究框架如图 1-1 所示。

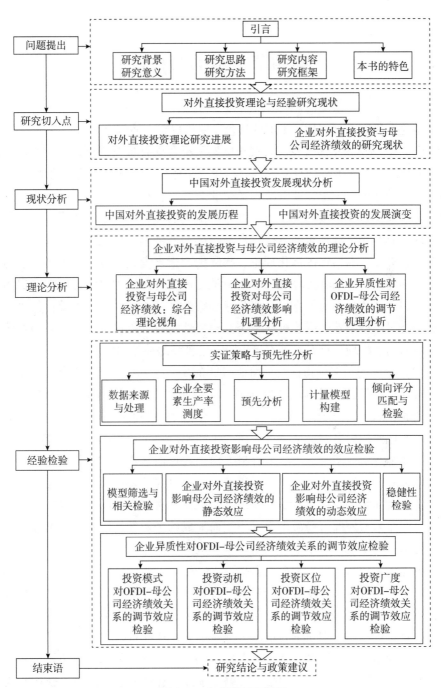

图 1-1　本书的研究框架

第四节　本书的特色

与现有研究文献相比，本书的特色主要体现在下面四个方面：

（1）本书构建了多理论综合视角框架分析对外直接投资对母公司经济绩效的影响效应以及企业异质性对对外直接投资与母公司经济绩效关系的调节效应。现有的各种理论在一定程度上解释了企业对外直接投资对母公司经济绩效的影响，对于理解对外直接投资与母公司经济绩效的关系做出了重要贡献，但没有一种理论能够完全解释对外直接投资与母公司经济绩效的关系，多理论的整合显得尤为必要。本书将内部化理论、国际生产折衷理论、资源基础理论、边际产业转移理论、外来者劣势理论、组织学习理论等多种理论结合起来，试图从多理论综合视角分析对外直接投资与母公司经济绩效的关系，以及对外直接投资对母公司经济绩效的影响机理和企业异质性对对外直接投资与母公司经济绩效关系的调节机理，是对对外直接投资理论研究的补充和完善。

（2）本书使用多种指标较全面地衡量企业经济绩效。现有研究文献在分析企业对外直接投资对其绩效的影响时，主要集中在分析对企业生产率的影响，涉及企业利润问题的研究文献明显欠缺。生产率和利润率一样，是衡量企业经济绩效的重要指标之一。从理论上讲，生产率反映企业内部的生产能力，但实际在测度企业生产率时，因缺少价格方面的数据而常常用产值数据代替，往往导致得出的企业生产率与企业实际生产率水平存在偏差。而利润率指标不仅体现了企业内部的生产能力，而且体现了外部市场对其产品的需求水平，是企业内部生产能力与外部市场需求交互作用而形成的企业经济绩效。本书在研究过程中使用了全要素生产率、劳动生产率、就业、销售额、资本收益率和毛利率等多种指标，较为全面地衡量了企业经济绩效。

（3）本书从投资动机、投资模式、投资区位和投资广度四个方面分析了企业异质性对对外直接投资与母公司经济绩效关系的调节效应。按照企业从事对外直接投资的 ADO（Antecedents，Decisions and Outcomes）概念框架，前因变量（投资动机、东道国和投资国因素）→OFDI 决策（投资区位、投资模式、投资广度、建立模式）→OFDI 的结果（财务绩效、存活率、生产率、创新绩效）。现有关于对外直接投资与企业绩效关系的研究文献，大多数分析了投资动机和投资区位对 OFDI 企业生产率的影响，也有个别文献分析了投资广度对 OFDI 企业利润率的影响，但目前尚未有文献同时从 OFDI 的前因变量投资动机和 OFDI 决策变量投资模式、投资区位和投资广度分析其对 OFDI 企业经济绩效关系的影响。本书从多理论综合视角分析了投资动机、投资区位、投资模式和投资广度对对外直接投资与母公司经济绩效关系的调节效应，是对现有相关研究文献的一个有益的补充。

（4）本书从静态和动态层面上分析了对外直接投资对母公司经济绩效的影响效应以及企业异质性对对外直接投资与母公司经济绩效关系的调节效应。本书使用 PSM-DID 方法在静态层面上检验企业对外直接投资对母公司经济绩效影响效应的基础上，进一步检验了进入东道国市场 1~5 年后对外直接投资对母公司经济绩效的影响效应的变动趋势。同时也对不同投资动机、投资区位、投资广度和投资模式调节对外直接投资与母公司经济绩效关系静态效应和动态效应进行了详细的比较分析，从而对现有研究文献存在的实证结论不一致甚至相互矛盾之处的现象做出了一定的解释。

第二章

对外直接投资理论与经验研究现状

第一节　对外直接投资理论研究进展

一、对外直接投资研究的理论基础

第二次世界大战以后，随着欧美等发达国家对外直接投资和跨国公司的迅速发展，经济学界对这一领域进行了大量的探讨和研究。Hymer（1976）首次以垄断优势理论来解释美国企业对外直接投资行为，是最早研究对外直接投资的独立理论。随后许多研究者对这一理论进行发展与完善，形成了一批对外直接投资理论。这些理论的产生奠定了对外直接投资研究的理论基础。

20 世纪 60~70 年代，对外直接投资理论研究中，解释"企业为什么进行对外直接投资"的产业组织理论和解释"企业国际化进程性质"的阶段理论占主导地位。产业组织理论在研究对外直接投资出现的原因时，主要依赖于两个假定：①进入壁垒和政府对国际贸易的限制导致市场结构不完善（Dunning 和 Rugman，1985）。发达国家的企业凭借各种垄断优势，如先进技术、雄厚资本、管理技能、商标、规模经济等优势从事跨国直接投资，有效地与东道国本土企业进行竞争，占据东道国的最终产品市场（Hymer，1976）。②相互竞争的企业竞相进入外国市场，因而没有企业能够在竞争中获得竞争优势（Flowers，1976）。基于 Hymer 的市场不完全假设和交易成本理论，Bucklery 和 Casson（1976）提出了内部化理论，将企业对外直接投资整合成两个相互依赖的决策，即企业资源的配置区位和有效控制方式。内部化理论认为，基于交易成本最小化的考虑，企业通常通过纵向一体化控制海外生产活动。由于交易成本被看作对外直接投资的主要原因，内部化理论有助于研究者将企业对外直接投资交易成本的特征与有效的对外直接投资模式的选择相联系。

与产业组织理论相比，国际化阶段理论的研究主要关注对外直接投资的进程。Vernon（1966）的产品生命周期理论主要关注企业对外直接投资的"区位"选择问题，将产品生命周期划分为产品创新、产品成长成熟、产品标准化三个不同的阶段，利用产品生命周期的变化解释美国战后对外直接投资的动机与区位的选择，从而将企业对外直接投资与产品生命周期密切地联系起来。Johanson 和 Vahlne（1977）基于知识和市场承诺的相互演化关系提出了 Uppsala 国际化阶段模型，主要研究企业国际化的进程，特别是国际化进程中的"进入方式"和"进入时机"问题。该模型强调企业国际化进程就是渐进地扩大利用企业垄断优势、遵循"由易而难、逐步升级"的发展过程，对外投资的企业通过逐步获取、整合和利用海外市场生产和经营的知识，日益兑现对海外市场的承诺，逐渐深化海外市场的参与程度。而且 Uppsala 国际化阶段模型首次使用投资国和东道国之间的"心理距离"解释企业选择进入海外市场的模式和时机。

二、传统对外直接投资理论的补充与完善

20 世纪 80 年代，随着企业国际活动的日益增强，理论界迫切需要建立一种理论来分析企业对外直接投资最合适的区位（Hisey 和 Caves，1985）或最有效的投资模式（Anderson 和 Gatignon，1986；Hennart，1986）。大多数研究者对支撑"对外直接投资"原因的假定前提提出了质疑，并对传统对外直接投资理论（内部化理论或交易成本理论、国际生产折衷理论、国际化阶段理论）进行了完善和拓展。

1. 内部化或交易成本理论

20 世纪 80 年代，Buckley 和 Casson（1976）的内部化理论因其内在的逻辑分析有助于研究者建立交易成本与对外直接投资决策之间关系的概念框架而成为这一时期研究对外直接投资的基石。Anderson 和 Gatignon（1986）基于交易成本理论提出对外直接投资有效的投资模式依赖于企业资源投入，即有效投资模式取决于企业对海外市场资源投入的控制和成本之间的权衡，且资源投入成本随着企业在海外市场生产和经营的不确定性的增加而增加。Hisey 和 Caves（1985）也认为，先进的国际知识和经验通过降低与海外市场不确定性相关的

交易成本来激励企业从事对外直接投资。

20 世纪 80 年代后，部分研究者继续采用内部化或交易成本理论分析对外直接投资问题。一是利用内部化或交易成本理论探讨不同环境下或不同类型企业对外直接投资进入决策，Brouthers K. 和 Brouthers L.（2003）基于交易成本理论讨论了服务业与制造业企业对外直接投资的投资模式选择的差异性，认为服务业与制造业企业在对外直接投资的投资模式选择上的差异源于不同产业的企业对交易成本变量反应的差异，并且受到风险和信任偏好的影响。二是验证内部化理论假定对分析更细化的对外直接投资进入模式的适用性（Gong 等，2007；Phene 和 Tallman，2012）。

也有部分研究者对内部化或交易成本理论的适用性提出质疑。Luo 等（2001）比较了跨国合资企业中外国母公司和中国母公司控制与企业绩效关系，发现交易成本分析更适用于外国母公司。Filatotchev 等（2007）使用代理理论分析显示，在控制了以往研究文献中影响企业对外直接投资进入模式和区位选择的企业特有优势后，母公司的所有权结构和东道国制度环境对企业对外直接投资进入模式和区位选择产生显著影响。Gomez-Mejia 等（2010）通过整合交易成本理论和国际管理理论构建了一个新的代理理论模型，较好地解释了家族企业风险选择和对外直接投资区位选择。

现有研究文献显示，21 世纪以来利用内部化或交易成本理论研究企业对外直接投资的文献虽然对内部化或交易成本理论进行了一定程度的发展和完善，但未从根本上拓展或挑战内部化或交易成本理论所依赖的核心假定，大多数文献只不过是对旧观点的重新讨论，很少有新的独到见解，表明使用内部化或交易成本理论分析对外直接投资进入决策的研究似乎缺乏发展动力。因此，未来基于内部化或交易成本理论的研究也很难对企业对外直接投资决策提出新的研究视角和见解。

2. 国际生产折衷理论

针对内部化理论的完善和拓展，以及 Dunning（1979）对有关企业从事对外直接投资的原因、区位和方式片面解释的不足，构成了 Dunning（1980，1988）解释企业对外直接投资决策的国际生产折衷理论的基础。国际生产折衷理论在吸收垄断优势理论、内部化理论等理论观点的基础上，综合国家和企业水平等层面的多种因素，探讨了企业参与国际经济活动时对出口贸易、许可证交易或对外直接投资的选择问题，认为所有权优势（Ownership）、内部化优势（Location）和区位优势（Internation）是企业从事对外直接投资活动的决定因素

（Boddewyn 等，1986；Hennart，1989），即 OLI 范式。国际生产折衷理论提出后在学术界引起较大轰动，同时也引来许多学者的质疑和批评。

对国际生产折衷理论的补充与完善主要体现在两方面：一是理论的动态化；二是对所有权优势、内部化优势和区位优势赋予新的含义。Vernon（1985）认为，国际生产折衷理论仅涉及对外直接投资的静态描述，而没有讨论对外直接投资的动态变化过程，尤其是跨国公司战略的动态变化。针对这一批评，Dunning（1988，1993，2001）对国际生产折衷理论的动态化内容进行补充和完善。Nigh（1985）将有关政府规制的非市场知识和经验视为所有权优势，认为国家间以及国内的冲突和合作会影响企业的对外直接投资决策。Kogut 和 Singh（1988）认为影响对外直接投资决策的交易成本应该考虑企业的文化环境因素，特别是当投资国和东道国存在显著的"文化距离"时，企业对外直接投资往往倾向于选择独资的形式以避免收购后的整合风险。Dunning 和 Lundan（1993）、Dunning（1995）将战略联盟、合资等纳入国际生产折衷理论框架并赋予所有权优势、内部化优势和区位优势新的含义。Thomas（2001）对拉美国家对外直接投资的研究发现，来自拉美的跨国企业拥有技术能力、联盟关系以及国家所有权、国际化和联盟的经验等所有权优势。

此外，部分研究者通过检验国际生产折衷理论在不同环境下和对不同类型企业的适用性或考虑除所有权、区位和内部化优势之外其他影响对外直接投资决策的因素来对国际生产折衷理论进行补充和完善。Schroath 等（1993）研究显示，中国香港跨国企业倾向于在劳动密集、语言相似的地区投资，而欧美跨国企业主要在资本密集地区进行投资，验证了国际生产折衷理论"对外直接投资存在原产国效应"的观点。Dunning 和 Kundu（1995）对酒店业国际化程度和进入模式的实证研究支持了国际生产折衷理论的观点，但所有权、区位和内部化 3 个优势对企业国际化程度和进入模式的影响在不同国家和企业之间存在明显的差异性。Brouthers 等（1996）基于国际生产折衷理论研究了美国中小计算机软件企业海外市场进入模式的选择决策，研究发现所有权和区位优势对中小企业海外市场进入模式选择的影响与大企业相似，且检验发现国际生产折衷理论同样适用于服务业。Agarwal 和 Ramaswami（1992）通过分析所有权、区位和内部化对企业海外市场进入模式选择的独立和联合影响发现，所有权优势不明显的企业趋向于选择以合资企业的形式进入东道国区位优势明显的地区。Kumar 和 Subramaniam（1997）通过建立一种适应性进入决策模式的权变框架，讨论影响企业海外市场进入模式选择的外生因素和内生因素，认为特定优势是影响企业海外市场进入模式选择的外生因素，进入时机和区位、决策者特征、管理期望等内生因素也影响企业海外市场进入模式决策，从而补充了国际生产折衷理论。

3. Uppsala 国际化阶段理论

Uppsala 国际化阶段理论在 20 世纪 90 年代再次受到学术界的关注。其原因在于：①技术发展和国际交通运输体系改善改变了国家之间"心理距离"的认知。O'grady 和 Lane（1996）通过提供"在相似国家进行对外直接投资并不必然带来较好的经营绩效"的经验证据，提出了"心理距离悖论"，建议对"心理距离"的概念进行改进。②小企业包括出现的所谓"天生国际企业"的国际化模式与国际化阶段理论的核心假定相矛盾（Madsen 和 Servais，1997；Eriksson 等，1997）。③网络在企业国际化进程中作用的增强对"单个企业拥有的先验经验决定企业对外直接投资进入和演化模式"的观点提出了挑战（Madsen 和 Servais，1997）。

20 世纪 90 年代以来，采用 Uppsala 国际化阶段理论的研究文献主要集中在该理论在分析对外直接投资问题时的局限性和适用性方面。按照 Uppsala 国际化阶段理论的分析，经验和市场知识会影响企业海外市场的运营成本和不确定性，进而影响企业对外直接投资的区位选择，并强调企业对外直接投资过程中"文化距离"的重要性，预测随着企业对外直接投资程度的加深，海外市场将从"近"向"远"移动。Benito 和 Gripsrud（1992）利用挪威制造企业数据的分析显示，与后来的对外直接投资相比，企业第一次对外直接投资并没有发生在文化上相似的国家，且随着对外直接投资数量的增加，有些企业并没有向更遥远的国家扩张。Andersen（1993）也认为 Uppsala 国际化阶段理论不能预测企业从国际化的一个阶段向另一阶段的演化。Eriksson 等（1997）通过"识别和描述国际化进程中经验知识的构成"重新研究 Uppsala 国际化阶段理论模型关于"经验和市场知识影响企业对外直接投资"的核心假定，提出了"有关东道国经验是企业内部的、可以应用到所有市场"的经验和市场知识。Fletcher（2001）认为企业国际化涉及一系列内部的、相互关联的国际行为，并不一定是一个连续的、渐进的进程，因而对"国际化应该是一个连续的、渐进的过程"这一国际化阶段理论的观点提出质疑。传统理论认为对东道国文化环境和消费者偏好的认知是企业对外直接投资不确定性的源泉。然而 Delios 和 Henisz（2003）、Forsgren（2002）以及 Kalinic 和 Forza（2012）则认为，对外直接投资不确定性的其他源泉在企业对外直接投资进入决策中起到日益重要的作用。他们通过将政策环境、组织学习、特定战略重点等纳入 Uppsala 国际化阶段模型，拓展了国际化阶段理论。

网络在早期企业国际化进程中扮演着重要角色。Johanson 和 Vahlne（2003）认为，使用 Uppsala 国际化阶段模型不能解释国际化进程中的一些重要现象，从而改进和重建了 Uppsala 国际化阶段模型。新模型中不仅包括了原模型中的驱动机制——经验学习—承诺交互影响，也包括了新的机制，即商业网络关系中的经验学习—承诺机制。该模型详细地解释了早期海外市场经营的企业行为，尤其是网络关系中经验学习—承诺机制使其能够跨越国际化过程中的不同阶段，从事直接投资。Sharma 和 Blomstermo（2003）认为，Uppsala 国际化阶段模型不能很好地解释"天生国际企业"的国际化进程，这类企业在首次进入海外市场之前就已具备国际市场知识，其海外市场进入模式的选择是基于其现有的知识和国际网络关系所提供的知识，这为国际化阶段理论的发展做出了贡献。

可见，这一时期使用 Uppsala 国际化阶段理论的大多数文献，为该理论的核心理论假设提供了局部或非计量的支持。

三、对外直接投资新理论的出现与发展

在对传统对外直接投资理论进行发展和完善的同时，研究者开始利用资源基础理论、制度理论、网络理论和实物期权理论新引进的理论发展和验证对外直接投资理论（Surdu 和 Mellahi，2016）。新理论的引入标志着对外直接投资理论的研究焦点从交易成本最小化转向企业海外市场资源配置、跨国并购、绩效等方面。

1. 资源基础理论

以交易成本为基础的对外直接投资理论隐含这样的假设：企业在国际化进程中已拥有最小化交易成本和做出有效海外市场进入模式决策的必要能力。资源基础理论假定企业拥有不可流动且难以复制的独特的有形资源和无形资源，这些资源可以转变成企业独特的能力，是企业持久竞争优势的源泉。利用资源基础理论研究对外直接投资的研究者基于企业在海外市场的资源配置或扩大企业资源基础的潜力将企业对外直接投资进入决策概念化，认为企业的资源和能力影响其对外直接投资决策，如对外直接投资动机、进入时机和顺序、绩效等。Pennings 等（1994）认为企业对外直接投资进入决策的绩效在很大程度上受到企业在海外市场上配置、收购或利用的资源和能力的影响。Vermeulen 和 Barkema（2001）通过生存分析和 Logit 模型的检验证实，与绿地投资相比，企业通过并购形式从事对外直接投资可以扩张其知识基础、减少惰性，从而增强其未来的生存能力。Hitt 等（2006）认为，企业成功进入海外市场最关键的资源是人力资本和关系资本（企业与其客户和外国政府形成的关系资本），且这两种资本与企业对外直接投资绩效密切相关。Cuervo-Cazurra 等（2007）基于资源基础理论构建模型分析企业国际化所面临的困难，将企业国际化过程中面临的困难归为三类：资源向海外转移过程中优势的损失、资源向海外转移过程中劣势的产生及海外运营所需互补资源的缺乏。Sapienza 等（2006）认为，一个企业国际化越早，越有机会发展动态能力和开发海外市场。Barkema 和 Drogenijk（2007）认为，企业进入海外市场的方式可以是渐进的，也可以采取更快的进度，这可能导致对外直接投资的初始绩效降低，但通过学习和经验积累，可以在未来扩大对外直接投资中提高绩效。Lavie 和 Miller（2008）通过引入国际联盟组合的概念构建了一个分析框架，解释国际联盟组合如何影响企业绩效。研究发现，随着国际联盟组合程度的提高，企业财务绩效呈现先下降再改善、然后再次下降的 S 形态势。Gao 等（2008）强调跨国公司积累的不同类型海外市场进入经验会激励其进入东道国市场，并影响其在东道国市场的绩效。Fang 和 Zou（2009）进一步研究发现，在企业拥有的资源中，动态营销能力显著地影响了企业在新兴市场的竞争优势和绩效；此外，资源规模、资源互补性、组织文化和组织结构对跨国合资企业的发展也有一定的影响。

2. 制度理论

在对外直接投资研究的早期文献中，研究者主要关注发达国家之间的跨国投资问题。随着发展中国家的对外直接投资的迅速兴起和发展，少数研究者开始对发展中国家对外直接投资问题进行研究，并认识到了发达国家与发展中国家在市场制度方面存在显著差异，这些制度包括规章制度、社会价值和认知结构等，它们都会影响企业对外直接投资决策。Kostova（1999）通过引入"制度距离"的概念拓展了以往在研究对外直接投资区位选择时仅仅考虑"心理距离"（Johanson 和 Vahlne，1977）或"文化距离"（Kogut 和 Singh，1988）的狭窄的研究范围。Xu 和 Shenkar（2002）将东道国与投资国之间的"制度距离"分解为规制、规范和认知三个维度上的距离，并将这些制度距离与企业特征相结合来解释企业对外直接投资进入决策和区位选择。

基于制度理论分析对外直接投资的大多数研究文献表明，企业在进入制度差异较大的海外市场时，适应东道国市场制度环境来确立其海外市场的合法性比关注对外直接投资绩效问题具有更重要的意义。Bevan 等（2004）对东欧转型经济的分析说明，制度是东道国吸引外国投资者的关键区位优势，能够接受、适应东道国正式制度变化的外国企业能够利用和扩大其在东道国的资源基础。Meyer 和 Nguyen（2005）基于新兴经济体探讨东道国市场制度对企业对外直接投资进入战略即区位选择和进入模式的影响显示，东道国稀缺资源的可获得性影响对外直接投资的区位选择和以绿地投资形式进入东道国市场的概率，东道国国有企业的竞争压力和市场导向导致外国投资者选择合资企业进入模式。Rodriguez 等（2005）从制度视角研究了腐败的普遍性和任意性对跨国企业在东道国市场的合法性和战略决策的影响。Meyer 等（2009）对印度、越南、南非和埃及新兴经济体的研究显示，东道国高度约束的制度环境将激励投资者选择合资企业的进入模式，促进跨国企业适应东道国的制度环境。Owens 等（2013）基于制度理论研究对外直接投资选择合资企业进入模式的影响因素时发现，国际合资企业的合法性是进入和发展海外市场的核心目标，企业选择合资的进入模式能够缓解东道国市场上许多制度压力，并能在东道国市场确立其合法性。

　　制度理论通过关注新兴经济体对外直接投资问题提出了有关企业对外直接投资动机的一些新见解。传统对外直接投资理论认为，企业的特有优势是其从事海外投资的驱动力，这种特有优势通常与发达国家的跨国企业相联系，而对于不拥有企业特有优势的新兴经济体的跨国企业而言，投资国的制度环境可能提供了其他优势。Hitt 等（2004）通过比较中国和俄罗斯制度环境发现，制度环境对新兴经济体企业的国际战略联盟伙伴选择决策产生显著影响。Deng（2009）从制度的角度分析中国企业跨国并购背后的理论基础，认为中国企业利用跨国并购获取战略性资源，以弥补自身的竞争劣势。Holburn 和 Zelner（2010）认为，来自制度环境较差国家的跨国企业因拥有在特殊制度环境下经营的经验，因此对东道国政策风险的敏感度较低，这对"企业对外直接投资区位选择受到东道国制度环境影响"的观点提出了挑战。

　　3. 网络理论

　　早在 20 世纪 90 年代，就有少数研究者利用网络理论研究企业对外直接投资，Madsen 和 Servais（1997）认为，企业对外直接投资进入时机和顺序的决策取决于企业在网络关系中的位置以及如何利用这种网络关系克服东道国市场的不确定性。随着对中小企业、新兴市场企业对外直接投资的发展和国际联盟的形成，利用网络理论研究企业对外直接投资决策的文献日益增多。Lu 和 Beamish（2001）研究发现，通过嵌入东道国合作伙伴的网络，中小企业可以有效地克服其国际化进程中在资源和能力方面所面临的不足。Sharma 和 Blomstermo（2003）通过构建包括知识和网络的模型分析"天生国际企业"的对外直接投资时发现，"天生国际企业"海外市场进入模式的选择是以其现有知识和网络关系所提供的知识为基础。Elango 和 Pattnaik（2007）解释了新兴市场的企业利用母公司和海外网络关系获取有关对外直接投资所必需的知识和金融资本等稀缺资源。Ojala（2009）强调网络关系是中小企业进入海外市场的桥梁，促进了企业进入心理和地理上接近的海外市场。Buckley 等（2012）研究显示，东道国—投资国的关系是企业对外直接投资行为的重要决定因素。东道国—投资国的北—南关系对印度企业海外并购产生显著影响，而南—南关系和文化、地理距离对企业海外并购影响不显著。Maekelburger 等（2012）通过引入知识保护（国际经验、东道国网络和模仿）和制度保护（产权保护和文化相似）作为保护企业特有资产的替代机制对企业资产专用性与海外市场进入模式选择之间的关系进行分析，发现知识保护和制度保护弱化了资产专用性对企业股权进入模式选择的影响。

此外，也有文献强调了过度依赖网络的潜在负面影响。Fletcher 和 Harris（2012）强调经验和网络是企业国际化所需知识的来源，但小企业缺乏相关经验或有用的网络，过度依赖网络可能会制约企业识别海外投资的机会和范围。

可见，采用网络理论研究企业对外直接投资的相关文献在理论和经验研究上均做出了重要贡献。网络理论将对外直接投资研究的重点从企业资源和制度环境转换到了企业与其他参与者和组织之间关系的类型和强度。

4. 实物期权理论

基于实物期权理论，可以将企业在对外直接投资决策中的各种机会看作企业拥有的实物期权。企业对外直接投资的决策依赖于未来的不确定性，采用实物期权方法应对未来的不确定性具有独特的优势，因而如何将其应用在企业对外直接投资决策方面引起了研究者的极大关注。部分研究者利用实物期权理论探讨企业对外直接投资的增长价值和风险。Kogut 和 Kulatilaka（1994）认为，跨国企业是一个分布在不同国家的商业网络，能够在网络内部通过资源转移和生产销售的灵活性提升其市场价值并规避风险。Buckley 和 Tse（1996）将实物期权概念纳入现存对外直接投资理论的分析显示，企业对外直接投资一般是从小规模投资开始，随后再根据预期收益调整投资规模，从而增进企业对外直接投资的价值。

随着跨国企业有效利用国际市场机会的能力受到来自较差制度环境下市场

不确定性的限制，部分研究者开始关注如何降低企业对外直接投资的风险问题。传统对外直接投资理论过分强调企业对外直接投资进程中面临的不确定性的来源，如交易成本、合作伙伴的机会主义、缺乏经验知识等。Schilling 和 Steensma（2002）认为，虽然机会主义的威胁和获取资源的欲望会影响企业对外直接投资进入模式，但实物期权理论有助于解释决策者是否和如何在不同来源不确定性风险厌恶上存在差异。Capel（1992）以及 Li J. 和 Li Y.（2010）基于实物期权理论的分析表明，在东道国存在较高不确定性的情况下，跨国企业倾向于选择更灵活的市场进入模式。Isobe 等（2000）认为，在快速增长的新兴市场中不及时进行投资的风险高于与制度环境和合作伙伴相关的风险。Brouthers 等（2008）研究显示，企业海外市场进入模式的选择和绩效不仅涉及交易成本最小化的考虑，而且要考虑实物期权价值创造的影响。

实物期权理论为研究企业对外直接投资决策提供了新的视角，然而部分研究者的研究结论并未完全提供经验支持。Tong 等（2008）证实，在特定情况（外国投资者持股低的合资企业或持股分散化的合资企业）下，国际合资企业有助于提高企业的增长期权价值，因而对有关合资企业或新兴经济体投资增长期权价值的普遍说法应该谨慎接受。Reuer 和 Leiblein（2000）认为，跨国企业或国际合资企业通常不会获得较低的下行风险。Adner 和 Levinthal（2004）研究也证实，很难提前识别内嵌在投资中的市场和技术发展机会，从而制约了实物期权理论的应用。

四、对外直接投资研究的多理论整合

21 世纪以来，有关对外直接投资决策的研究文献大多采用了多理论视角的分析框架，几乎所有研究都集聚在用一种理论补充说明另一种理论的局限性。

1. 内部化或交易成本理论与资源基础理论的整合

内部化或交易成本理论的批评者认为，内部化或交易成本理论忽略了企业资源的动态特征，使企业对外直接投资决策静态化（Fang 和 Zhou，2009）。考虑到这一局限性，部分研究者主张将内部化理论与资源基础理论结合起来，提供对企业对外直接投资决策做出比任何单一理论更具有包容性的解释。Chang 和 Rosenzweig（2001）采用动态模型分析外国资本连续进入东道国市场的模式，研究发现，交易成本和文化因素是决定外国资本初始进入模式的重要因素，随着时间推移，东道国经验和其他具体经验成为决定进入模式的关键决定因素。

该研究有助于研究者将对外直接投资研究的关注点从文化差异或交易成本等外部因素转向经验或学习等企业内部因素。Martin 和 Salomon（2003）基于内部化理论和知识的观点探讨了企业知识转移能力和知识缄默性对其对外直接投资进入模式选择的综合影响，丰富和拓展了企业对外直接投资进入模式的研究。

内部化理论因知识资产在海外市场容易被模仿或复制而主张企业进行对外直接投资，资源基础理论对这一观点进行了补充。相关研究者认为，随着时间的推移，企业才能真正掌握如何将资源转移到海外市场，这反过来又会激励企业后续对外直接投资的发展。Pitelis（2007）通过建立一个动态的、具有前瞻性的战略理论探讨企业基于先验知识和经验做出的对外直接投资决策如何影响企业内部和外部环境，从而形成有效的所有权、区位和内部化的决策。Teece（2014）强调将交易成本理论和资源基础理论相结合可以较好地解释对外直接投资企业最初在海外市场的优势随着时间推移如何减弱，以及什么时候、怎样才能保持企业持续的竞争优势。这些研究说明跨国企业进入新兴市场不仅要考虑初始投资成本，也要考虑如何获取对未来绩效具有杠杆作用的东道国市场经验。

交易成本理论和资源基础理论相结合对与企业对外直接投资不同进入模式相关的挑战和补充提供了更详细的理解。Meyer 和 Estrin（2001）在综合运用资源基础理论和交易成本理论的框架下分析了企业对外直接投资进入模式的选择，认为企业最优进入模式选择不仅要将进入战略目标所要求的资源与跨国企业内部资源、东道国本地企业及其他企业所拥有的资源相匹配，还必须考虑收购和整合资源的成本。Schilling 和 Steensma（2002）通过整合交易成本理论、资源基础理论和期权理论分析企业海外市场进入决策时发现，技术特征、潜在机会主义威胁、可持续优势潜力等直接或间接地影响企业进入决策选择。Li 等（2008）认为，在国际联盟中，交易成本理论强调合作伙伴获取联盟收益、减少机会主义的能力，而资源基础理论则关注长期资源共享关系的价值和潜在的局限。

2. 交易成本理论与制度理论的整合

制度是企业间交易的环境，东道国制度的差异将影响跨国企业进入决策。21世纪以来，部分研究文献试图整合制度理论与交易成本理论来探讨企业对外直接投资决策问题。研究者认为，东道国市场的制度缺失可能会影响企业对交易成本和投资风险的认知，进而影响其对外直接投资进入决策。Isobe 等（2000）、Henisz（2003）研究显示，企业对外直接投资进入决策依赖于企业创新和采用技术优势的能力，同时企业识别东道国市场制度特征和保护与东道国合作伙伴之间关系的能力也日益成为企业竞争优势的一个源泉和初始进入海外市场的重要激励。因此，随着跨国企业对东道国制度环境适应能力的增强，其对外直接投资的绩效可能会提升。

基于交易成本理论的研究文献强调，跨国企业进入转型经济或新兴市场将选择独资的形式，以避免知识、技能泄露的风险。而制度理论认为东道国制度的强制力强化了跨国企业规避行为的不确定性，增加了其选择合资形式进入的概率（Meyer 等，2009）。因此将制度理论与交易成本理论相结合，对跨国企业海外市场进入特别是进入市场不完善的转型经济体具有更强的解释力。Meyer（2001）对转型经济的研究发现，东道国的制度发展影响跨国企业在海外市场的交易成本进而影响其海外市场进入模式的选择，且管理和技术知识转移的类型对其内部化也有重要影响。Yiu 和 Makino（2002）的研究也显示，制度因素和交易成本因素都是决定对外直接投资进入模式选择的重要因素。Brouthers（2002）基于制度、文化背景及交易成本理论拓展了对外直接投资进入模式选择的交易成本模型，说明企业对外直接投资进入模式的选择受到交易成本、制度背景（法律限制）和文化背景（投资风险）等变量组合的驱动，较好地解释了进入模式的选择。Rodriguez 等（2005）从制度的角度研究了腐败的普遍性和随意性对跨国企业内外部合法性以及海外市场进入决策的影响。Ma 和 Delios（2007）强调东道国地区或部门的制度特征在吸引跨国企业投资以及跨国企业进入时机、进入模式、进入产业和存活率方面发挥着重要作用。

可见，上述研究文献通过引入制度特征，如东道国的法律限制、投资风险以及东道国政府的介入、腐败等，分析东道国制度变量如何影响市场环境进而影响跨国企业特定优势的发挥，从而拓展了交易成本理论。

3. 制度理论与资源基础理论的整合

部分研究者认为跨国企业母国的制度环境是企业资源、战略和结构的关键决定因素（Brouthers 等，2008；Buckley 等，2007），因而将制度理论与资源基础理论结合起来研究制度因素和跨国企业获取、配置资源的能力之间的关系。Brouthers 等（2008）认为，跨国企业母国制度环境的差异影响其资源优势的发挥，将国家制度环境变量纳入资源基础理论，比单一从资源基础理论视角分析企业对外直接投资进入模式决策更具有解释力。Buckley 等（2007）将资源基础理论和制度理论结合起来研究新兴市场跨国企业时发现，跨国企业母国制度环境对其对外直接投资进入决策的影响依赖于企业自身的资源和识别、利用潜在制度优势的能力。Wang 等（2012）通过整合制度理论、资源基础理论和产业组织理论发现，中国企业对外直接投资在很大程度上是由其独特的制度和行业环境所驱动，特别是政府支持和投资企业母国的产业结构在解释对外直接投资中起着至关重要的作用。将制度理论和资源基础理论结合起来研究新兴市场企业对外直接投资问题，可以更好地了解新兴市场企业在获取国际化所必需的资源、知识和能力的过程中母国政府所起的作用。

此外，Brouthers 等（2008）通过将实物期权理论与交易成本理论相结合构建企业海外市场进入模式模型，提高了模型的解释力，说明企业海外市场进入模式的选择和绩效不仅涉及交易成本最小化的考虑，而且要考虑实物期权价值创造的影响。Shi 等（2012）将网络理论与制度理论结合起来探讨地方制度环境变迁和企业的网络结构属性对外国投资者进入模式的影响，认为在市场化程度较高的地区，行业龙头企业更有可能被外国投资者选择为国际合资企业的合作伙伴；在市场化程度较低的地区，代理企业对国际合资企业的外国合作伙伴更具吸引力。Fletcher 和 Harris（2012）通过将知识产权、知识创新和组织学习理论相结合分析了企业国际化所需知识的信息内容与其来源之间的相关关系。Stoian 和 Mohr（2016）基于制度理论和投资发展路径综合分析企业对外直接投资问题，认为综合利用这两种理论解释有助于调和传统理论和新兴理论的观点。

第二节　企业对外直接投资与母公司经济绩效的研究现状

一、企业对外直接投资对母公司经济绩效的影响效应

有关对外直接投资的研究文献主要集中在企业对外直接投资的原因、进入动机、进入模式、时机、区位等方面。关于对外直接投资与绩效问题的研究文献相对较少，早期研究文献多从国家和产业层面分析对外直接投资的母国效应，主要分析对外直接投资对母国产出、生产率、投资、就业的影响。多数研究文献认为，对外直接投资是影响母国经济增长最显著的因素之一。Herzer（2008）以 1971~2005 年 14 个工业化国家的经验数据、Herzer（2012）以德国宏观经济

时间序列数据、Basar 和 Özkilbac（2016）利用土耳其经验数据的分析均证实，对外直接投资对母国产出具有正向的长期影响。Zhao 等（2010）采用 1991～2007 年中国在 8 个发达国家的对外直接投资数据、Herzer（2011）采用 1980～2005 年 33 个发展中国家为样本、Goodarzi 和 Moghadam（2014）采用 1980～2010 年 8 个东南亚国家的经验数据研究也发现，对外直接投资对母国全要素生产率具有稳健的正向长期效应。Herzer（2010）从对外直接投资影响母国整个经济的视角、使用 50 个国家样本的跨国回归和美国时间序列估计进一步证实，无论是发达国家还是发展中国家的对外直接投资均对其母国经济增长具有很强的促进作用。此外，Masso 等（2008）采用爱沙尼亚产业数据分析显示，爱沙尼亚对外直接投资对母国就业增长产生正向影响，且服务业比制造业有更强的母国就业效应。Li 等（2016）使用 2003～2011 年、龚新蜀等（2017）选取 2003～2015 年中国 30 个省份的面板数据研究发现，对外直接投资对区域创新绩效具有非常显著的正向影响。

也有部分研究者的研究结论不完全支持上述结论。Lee（2010）、Basar 和 Özkilbac（2016）以及 Ameer 等（2017）采用多元 Granger 因果方法分析显示，日本对外直接投资与母国人均国内生产总值、土耳其对外直接投资与其经济增长、中国对外直接投资与其国内投资均存在长期的单向因果关系，但在短期内不存在 Granger 因果关系。聂名华和齐昊（2019）使用 2008～2015 年中国 30 个省份的面板数据研究发现，中国对外直接投资与其国内工业绿色创新效率之间存在倒 U 形关系。Driffield 和 Chiang（2009）研究中国台湾投向中国大陆的对外直接投资时发现，对外直接投资在促进台湾生产率增长的同时，也引起了失业率的上升。Yalcinkaya 和 Dastan（2018）利用 1992～2016 年世界前 20 大经济体的经验数据、Hong 等（2019）利用 2004～2014 年中国 31 个省份面板数据的分析表明，发达国家的对外直接投资促进其经济增长（创新绩效），而发展中国家（新兴市场国家）的对外直接投资阻碍其经济增长（创新绩效）。Bitzer 和 Görg（2010）利用 1973～2001 年 17 个经合组织国家的宏观和中观层面的数据研究也发现，一国对外直接投资存量与其生产率呈负相关关系。

近年来，从企业微观层面分析对外直接投资对母公司绩效影响的文献逐渐增多，但研究结论混杂，甚至互相矛盾。概括起来，现有研究文献的观点主要有三种：对外直接投资促进了母公司经济绩效的提升，对外直接投资抑制了母公司经济绩效的提升，对外直接投资对母公司经济绩效没有显著影响。

1. 企业对外直接投资促进了母公司经济绩效的提升

在有关对外直接投资影响母公司经济绩效的现有研究文献中，对企业经济绩效的衡量主要分为三类：生产绩效、经营绩效和创新绩效。在生产绩效方面，Castellani（2002）使用1992~1996年2185家意大利制造企业的数据、Kimura和Kiyota（2006）基于1994~2000年日本企业的样本数据、Damijan等（2017）利用中欧和东欧9个国家大量的企业数据研究均显示，对外直接投资会对其母公司生产率增长产生积极的影响。Zhao等（2010）利用1991~2007年中国在8个发达国家的对外直接投资数据、蒋冠宏和蒋殿春（2014）利用2004~2006年中国761家对外直接投资的工业企业数据、Cozza等（2015）利用2003~2011年中国368家在27个欧盟成员国进行投资的跨国企业经济数据、袁东等（2015）基于2002~2008年中国制造业企业数据和对外直接投资的数据、袁其刚和樊娜娜（2016）利用2005~2011年中国2269家对外直接投资工业企业的数据、叶娇和赵云鹏（2016）利用2005~2007年中国工业企业数据库与境外投资企业（机构）名录合并的综合数据、Huang和Zhang（2017）使用2002~2007中国制造业企业面板数据、Li等（2017）利用2002~2008年中国制造业企业经验数据、魏凡等（2017）运用2004~2007年中国工业企业数据库和境外企业投资名录、张伟等（2017）利用2005~2011年山东省对外直接投资的工业企业数据、杨亚平和吴祝红（2019）利用2003~2008年中国制造业企业面板数据，采用倾向得分匹配法和双重差分方法估计中国对外直接投资对跨国企业母公司生产率的影响时发现，与非对外直接投资企业相比，对外直接投资显著提高了跨国企业母公司的生产率。Driffield等（2016）使用1996~2007年46个投资国和东道国近6000家企业的数据分析也表明，对外直接投资通过逆向技术溢出对母公司全要素生产率产生积极影响。

在经营绩效方面，诸竹君等（2018）基于2004~2007年中国工业企业—对外直接投资匹配数据、运用倾向得分匹配倍差法（PSM+DID）对中国僵尸企业对外直接投资加成率效应进行检验后发现，对外直接投资不仅显著降低了僵尸企业的当期加成率，且具有明显的正向动态加成率效应；周燕和郑涵钰（2019）基于1996~2015年中国上市公司对外直接投资的数据、利用Heckman两阶段法分析对外直接投资扩张速度与企业绩效水平之间的联系时发现，对外直接投资扩张速度显著促进对外投资企业资本回报率；张爱美等（2019）以2012~2017年中国A股上市公司为样本、采用倾向得分匹配法研究显示，对外直接投资对企业总资产利润率具有显著的促进作用，且该正向影响存在滞后效应。

在创新绩效方面，Pradhan 和 Singh（2009）使用 1988~2008 年印度 436 家汽车企业的数据、Chen 和 Yang（2013）采用 1992~2005 年中国台湾制造业企业面板数据分析显示，对外直接投资促进了跨国企业母公司研发绩效；Chen 等（2012）使用 2000~2008 年 493 家新兴市场跨国企业面板数据、Yang 等（2013）利用 1978~2000 年中国台湾制造业企业的面板数据、肖慧敏和刘辉煌（2014）采用 2005~2011 年中国企业微观数据的分析发现，对外直接投资增强了跨国企业母公司技术进步和技术效率；毛其淋和许家云（2014）利用 2004~2009 年中国企业层面微观数据、Wu 等（2017）利用 2012 年浙江省制造业 179 家跨国企业调研数据、Fu 等（2018）使用 2007~2009 年广东省 25 个产业 189 家跨国企业调研数据研究表明，对外直接投资能够提高跨国企业母公司的创新绩效。

也有部分研究者同时验证了对外直接投资对企业生产绩效、经营绩效、就业、出口等影响效应。Chen 和 Tang（2014）使用 1998~2009 年中国 1 万多家跨国企业的数据分析发现，对外直接投资与更高的全要素生产率、就业和出口强度以及更大的产品创新相关。Navaretti 和 Castellani（2004）通过对意大利跨国企业的分析显示，对外直接投资提高了跨国企业的全要素生产率和产出增长，但对企业就业没有显著影响。杨亚平和吴祝红（2015）基于中国对外直接投资企业名录和 2003~2009 年中国工业企业数据的研究表明，对外直接投资在显著提升母公司全要素生产率和劳动生产率的同时，也使母公司的负债比率明显提升。刘晓丹和衣长军（2017）利用 2006~2010 年中国工业企业数据研究发现，对外直接投资提高企业的经营绩效和生产效率，且对于企业绩效的提升具有一定的滞后性。

Imbriani 等（2011）以 2003~2006 年意大利制造业和服务业企业为样本、采用匹配技术和双重差分估计相结合的方法分析发现，意大利对外直接投资对跨国企业绩效的影响有限，且在不同产业存在显著差异。Matsuura（2015）利用 1994~2000 年日本汽车零部件供应商企业数据研究发现，虽然对外直接投资对母公司绩效的集约边际影响不显著，但对母公司销售额和全要素生产率的广延边际影响显著为正，且第一次对外直接投资对母公司绩效的影响最大。

2. 企业对外直接投资抑制了母公司经济绩效的提升

绝大多数研究文献认为，对外直接投资对跨国企业母公司的绩效产生了正向影响，但部分学者得出了对外直接投资对母公司绩效产生负向影响的结论。

杨平丽和曹子瑛（2017）基于2003~2011年中国工业企业数据库和商务部《境外投资企业名录》的合并数据、运用基于倾向得分匹配的倍差法检验对外直接投资对企业资产利润率的影响发现，中国企业对外直接投资总体上显著降低了企业利润率；Calabrese和Manello（2018）使用2008~2014年意大利汽车供应商的经济数据分析显示，对外直接投资对母公司盈利能力产生负向影响。欧阳旺东和刘纪显（2019）运用数据包络分析法（DEA）以广东省高新技术企业为样本分析发现，高新技术企业OFDI虽然增强了企业的创新活动，但对企业创新效率和产出产生显著的负效应。

3. 企业对外直接投资对母公司经济绩效影响不显著

也有少部分学者认为对外直接投资对母公司绩效没有产生显著影响。Hijzen等（2007）使用1995~2002年日本跨国企业的数据分析发现，日本对外直接投资增加了母公司的产出和就业，但对母公司生产率没有显著影响。Imbriani等（2011）认为，意大利服务业的对外直接投资对跨国企业生产率没有显著影响。Lee等（2013）基于中国台湾578家制造业企业的数据分析表明，中国台湾企业投资在中国大陆的对外直接投资对母公司全要素生产率没有显著影响。Matsuura（2015）认为，日本汽车零部件供应商企业的对外直接投资对母公司绩效的集约边际影响不显著。Roy和Narayanan（2019）认为，总体而言，印度对外直接投资对母公司经济绩效没有显著影响，但投向非离岸金融中心的对外直接投资对母公司的营业额、流动比率和杠杆比率会产生正向效应，投向离岸金融中心的对外直接投资会对母公司经济绩效产生负效应，同时投向离岸金融中心和非离岸金融中心的对外直接投资会对母公司的出口、营业利润率和外汇收益产生正效应而对母公司周转率产生负效应。

此外，蒋冠宏等（2013）利用2005~2008年中国198家有技术研发对外直接投资的企业数据分析发现，对外直接投资显著提升了企业生产率，且对企业生产率的提升作用呈倒U形。

二、企业对外直接投资与母公司经济绩效：调节效应

1. 投资区位对OFDI-母公司经济绩效关系的调节效应

跨国企业从事对外直接投资区位选择的差异性会影响OFDI-母公司经济绩效关系。部分研究者认为投资在发达国家的对外直接投资因逆向技术溢出效应对母公司绩效产生正向影响，且高于投资在发展中国家的对外直接投资。Castellani（2002）研究表明，当海外子公司建立在技术溢出相对高的国家（例如美国）时这种生产率正向影响更大。Pradhan 和 Singh（2009）、肖慧敏和刘辉煌（2014）、刘晓丹和衣长军（2017）研究也显示，投资在发达国家的对外投资对母公司绩效的提高效应均大于投资在发展中国家的对外投资。Huang 和 Zhang（2017）认为，投资于发达国家的对外投资促进了母公司生产率，而投资于百慕大群岛、开曼群岛等地区的对外投资对母公司生产率的影响不显著。袁东等（2015）、Li 等（2017）认为，在 OECD 国家和非 OECD 国家投资的跨国企业均获得了显著的正向生产率效应，但投资在 OECD 国家的跨国企业获得的生产率效应明显高于在非 OECD 国家投资的跨国企业。毛其淋和许家云（2014）研究发现，与投向低收入国家的对外直接投资相比，投向高收入国家的对外直接投资能够更加有效地促进企业的创新活动。周燕和郑涵钰（2019）利用 Heckman 两阶段法分析对外直接投资扩张速度与企业绩效水平之间的联系进行实证分析发现，投向发达国家的对外投资对母公司当年绩效和 3 年后绩效均有显著的正效应，投向发展中国家的对外投资仅仅对母公司的当年绩效有所提升，但对母公司长期绩效影响不显著。尹静宜和叶劲松（2018）采用 1999~2008 年中国制造业企业数据的实证研究发现，投资于发达国家的对外直接投资宽度正向影响企业创新，投资于发展中国家的对外直接投资宽度对企业创新的影响呈倒 U 形。

部分研究者认为，由于发达国家存在更为激烈的竞争以及先进技术和管理经验的吸收受到母公司"学习能力"和"吸收能力"的影响，投资于发达国家的对外直接投资对母公司绩效的正向影响小于投资于发展中国家的对外直接投资，甚至可能产生负向效应。Huang 等（2013）使用 2000~2005 年中国台湾制造企业的面板数据分析显示，中国台湾跨国企业对发展中国家进行对外直接投资后经历了更高的生产率，而对发达国家进行对外直接投资后出现滞后的生产率提高效应。蒋冠宏和蒋殿春（2014）研究显示，与投资高收入国家相比，投资中低收入国家的对外直接投资对母公司生产率效应更大；与投资中国香港地区相比，投资其他地区或国家的对外直接投资对母公司生产率效应更大。袁其刚和樊娜娜（2016）研究也表明，相对于投资到发达国家而言，投资于发展中国家的企业生产率提升更大。Damijan 等（2017）利用中东欧 9 个国家大量的企业数据研究发现，只有投资在西欧或其他中东欧国家的对外直接投资对母公司生产率增长产生正向影响，而投资在欧洲其他国家和北美的对外直接投资对母公司生产率增长没有产生显著影响。

杨平丽和曹子瑛（2017）的研究则发现，投资于发达国家的企业的利润率显著下降，投资于发展中国家的企业的利润率下降不显著，进一步检验对外直接投资后 3 年和 5 年利润率的滞后影响证实这一影响仍然显著为负。诸竹君等（2018）的研究证实，对中低收入国家（或地区）投资的正向效应大于高收入国家，仅投资于"避税天堂"的投资效应不显著；对金砖国家、"一带一路"沿线国家和非洲国家的投资滞后效应均显著高于样本平均水平，说明投资于这些新兴市场国家的盈利状况优于其他投资地区。

2. 投资动机对 OFDI-母公司经济绩效关系的调节效应

Markusen（1984）和 Helpman（1984）基于新古典经济学框架将企业从事对外直接投资的动机分为横向对外直接投资和纵向对外直接投资。Dunning（1998）基于 OLI 范式将企业对外投资动机分为资产开拓和资产寻求两种类型，具体包括资源寻求、效率寻求、市场寻求及战略资产寻求四种动机。这四种投资动机被广泛接受，并且应用在联合国贸易的投资报告中。由于跨国企业在进行对外直接投资时动机较为复杂，后来的研究者虽从不同视角对对外直接投资动机进行分类，但基本上皆以 Dunning（1998）的分类为基础。

横向和纵向对外直接投资对母公司绩效影响的研究结论是混杂的。Navaretti 等（2010）利用 1993~2000 年法国和意大利制造业企业数据分析发现，意大利横向对外直接投资对母公司生产率没有溢出效应，而纵向对外直接投资则产生显著的正向溢出效应；法国两种类型的对外直接投资均未对母公司生产率产生影响。Hijzen 等（2011）使用 1987~1999 年法国制造业和服务业企业数据研究显示，横向的市场寻求型对外直接投资对母公司生产率没有显著的影响，而纵向的要素寻求型对外直接投资增加了资本劳动比率，可能带来正效率收益。而 Hayakawa 等（2013）基于 1992~2005 年日本制造业企业数据的分析显示，横向对外直接投资在整体上对母公司生产率没有显著影响，但如果考虑影响横向对外直接投资生产率效应的三个重要因素，即规模经济损失、溢出效应带来的技术进步和非生产工人工资额增加，如果与其他两个因素相比技术进步显著，则横向对外直接投资将对母公司生产率产生正向效应；而纵向对外直接投资对母公司生产率没有显著影响。Anwar 和 Sun（2019）认为，无论是横向的还是纵向的对外直接投资对母公司生产率产生零甚至负向溢出效应。

多数研究文献表明，以获取市场信息、开拓市场份额为目的的对外直接投资促进了母公司绩效的提升，而以获取技术和战略性资源为目的的对外直接投资对母公司绩效影响不显著。王凤彬和杨阳（2013）通过借鉴组织学习理论将战略动机视角区分的传统型对外直接投资和战略资产寻求型对外直接投资转换为利用型对外直接投资和探索型对外直接投资，来分析利用型对外直接投资和探索型对外直接投资对企业价值创造效应。他们认为利用型对外直接投资具有短期超额回报创造相对优势，而探索型对外直接投资具有长期超额回报创造相对优势。蒋冠宏和蒋殿春（2014）研究显示，商贸服务和当地生产型对外投资显著促进了企业生产率的提升，技术研发和资源开发型对外投资对企业的生产率促进作用不确定。毛其淋和许家云（2014）认为，多样化型和研发加工型对外直接投资对企业创新的影响程度最大，其次是贸易销售型对外直接投资，而非经营型对外直接投资基本上不对企业创新活动产生影响。同样，张伟等（2017）的研究也证实，技术寻求型对外直接投资没有带来母公司全要素生产率的显著提升，而市场寻求型对外直接投资能够通过促进销售收入和研发水平的提升，促进母公司全要素生产率的显著提升。

也有少数研究者认为对外直接投资的各类动机均有可能对母公司产生一定的负面效应。杨平丽和曹子瑛（2017）研究显示，商贸服务类和当地生产类对外直接投资显著降低了母公司的利润率，技术研发类和资源开发类对外直接投资对母公司利润率的影响不显著。而诸竹君等（2018）研究则证实，商务贸易、资源开发和多种目的型对外直接投资对母公司加成率有一定程度的负向动态效应。

3. 进入模式对 OFDI-母公司经济绩效关系的调节效应

众多研究文献表明，企业对外直接投资进入海外市场模式的选择受到交易成本（Anderson 和 Gatignon，1986；Meyer 和 Estrin，2001；Meyer，2001；Yiu 和 Makino，2002；Shi 等，2012）、所有权和区位优势（Brouthers 等，1996；Agarwal 和 Ramaswami，1992；Kumar 和 Subramaniam，1997）、制度背景（Meyer 和 Nguyen，2005；Meyer 等，2009；Owens 等，2013；Yiu 和 Makino，2002；Brouthers 等，2008）、实物期权价值创造（Schilling 和 Steensma，2002；Isobe 等，2000；Brouthers 等，2008）和文化背景（Brouthers，2002）等变量或变量组合的驱动。

企业对外直接投资进入模式通常从投资方式和股权结构两个维度划分，从投资方式维度可以分为绿地投资和跨国并购；从股权结构维度可以划分为独资和合资。有关跨国并购和绿地投资进入模式对 OFDI-绩效关系影响的研究得到了相互矛盾的结论。Chari 等（2012）使用 1980～2006 年新兴市场国家企业在美国的收购信息和企业会计数据分析显示，新兴市场国家的企业倾向于选择美国规模更大的企业作为收购目标，且在收购后的几年内，收购企业的盈利能力提高。Edamura 等（2014）以中国企业海外并购为样本、Bertrand 和 Capron（2015）以 1993~2004 年法国企业为样本的研究也发现，企业进行海外并购后母公司的生产率、销售额、有形资产和无形资产皆大幅度增长。薛安伟（2017）采用 2013~2016 年中国上市公司数据的研究显示，跨国并购对企业绩效的正向作用随着时间推移逐渐减弱，且存在明显区域差异，其中东部和中部地区企业的跨国并购对绩效具有显著的促进作用，而对西部地区企业的影响却不显著。孙灵希和储晓茜（2018）基于 2003~2015 年中国上市公司的经验数据分析证实，跨国并购显著提升了企业全要素生产率，而绿地投资对企业全要素生产率影响小且统计上不显著。张海波（2017）基于 2009~2015 年中国 116 家A 股上市制造业跨国企业面板数据的研究发现，绿地投资模式下对外直接投资广度对企业生产率的正向影响效果比跨国并购模式更明显，而跨国并购模式下对外直接投资深度的正向影响效果比绿地投资模式更大。Cozza 等（2015）的研究却证实，跨国并购有利于获得无形资产但不利于财务绩效的改善，而绿地投资会对母公司规模和生产率产生促进作用。袁东等（2015）的研究也证实，绿地投资能显著促进母公司生产率提高，而跨国收购会给母公司带来更大挑战，但却会为那些能够在较长时期成功应对挑战的母公司带来更大的生产率提升。苏莉和冼国明（2017）利用 2009~2013 年 149 家中国对外跨国并购的上市公司数据研究显示，跨国并购虽然在总体上并没有显著地提升企业生产率，但在考虑行业、股权结构和目的地的差异后对企业生产率的影响会发生变化。其中，商业行业的跨国并购显著促进了生产率提升，其他行业没有显著影响；掌握控股权的并购企业能显著提升企业生产率，少数控股的并购企业促进作用不明显；对发达国家的并购有助于企业生产率的显著提升，而对发展中国家并购的生产率效应不显著。Bertrand 和 Betschinger（2012）基于俄罗斯 600 多个收购企业样本的研究表明，与没有进行收购的企业相比，国际收购往往会降低俄罗斯收购企业的绩效。

有关独资形式和合资形式两种进入模式对母公司绩效影响的研究结论也不尽相同。Pradhan 和 Singh（2009）使用 1988~2008 年印度 436 家汽车企业的数据、Wu 等（2017）利用中国制造业的跨国公司经验数据的分析均显示，与独资进入模式相比，以合资形式进入海外市场的对外直接投资对母公司创新绩效的促进作用更大。而 Driffield 等（2016）使用 1996~2007 年 46 个投资国和东道国近 6000 家企业的数据分析表明，与合资进入模式相比，以独资形式进入海外市场的对外直接投资对母公司绩效会产生更积极的影响。张海波（2017）基于2009~2015年我国116家A股上市的制造业跨国企业面板数据的研究表明，独资进入模式下对外直接投资广度和深度对企业生产率的正向影响效果均比合资进入模式更显著。但是，Wu等（2016）的研究则证实，跨国企业的进入模式（合资或独资）不影响制度—企业创新绩效关系。

4. 投资广度对OFDI-母公司经济绩效关系的调节效应

企业在不同东道国设立子公司可以通过体验式学习帮助提高其知识库、能力和竞争力（Barkema和Vermeulen，1998；Delios和Henisz，2000；Zahra等，2000）。每个东道国都有自己独特的资源禀赋和区位优势，从而可以激励投资国的企业在本国设立子公司以充分利用这些优势，增强投资国在本国和东道国市场的竞争力（Kogut和Chang，1991）。此外，多国性战略提供了一种有效的机制来转移公司特有的资产，从而在国外市场产生更高的回报（Kirca等，2011）。Damijan等（2007）使用1994~2002年斯洛文尼亚制造企业数据、Lee等（2015）对韩国对外投资的多国性与企业绩效的研究发现跨国企业海外子公司的数量对企业绩效产生正向的影响。Clegg等（2016）利用1991~2011年中国261家上市公司的观察数据分析也发现，企业多国性战略对OFDI-企业绩效的关系产生正向的调节作用。张海波（2017）基于2009~2015年我国116家A股上市的制造业跨国企业面板数据的研究表明，跨国企业OFDI投资区域越广泛，对企业生产率的提升效果越明显。

少数研究者强调投资广度对企业绩效的负面影响。杨平丽和曹子瑛（2017）认为，无论企业投资于单个或多个国家（或地区），中国企业对外直接投资总体上显著降低了企业利润率。周燕和郑涵钰（2019）研究证实，对外投资的国家数目与母公司绩效之间存在反向关系。也有部分研究者认为多国性对企业绩效的影响是非线性的。Lu和Beamish（2004）的研究证实，在高水平和低水平的国际化中，地理多样性的程度与企业绩效呈负相关，而在中等水平的国际化中，地理多样性越大，企业绩效越高。毛其淋和许家云（2014）认为，在短期单分支机构对外直接投资对企业创新的正向影响效应大于多分支机构对外直接投资，但在长期多分支机构对外直接投资对企业创新的作用更大。尹静宜和叶劲松（2018）的研究也发现，对外直接投资宽度对企业创新的影响呈倒U形。

此外，进入时机、跨国企业性质、产业差异等也会影响OFDI-母公司经济绩效关系。Matsuura（2015）认为，第一次对外直接投资对母公司绩效的影响高于随后的影响。袁其刚和樊娜娜（2016）研究显示，已投资企业进行二次海外投资时，相对于在同一类目的地的投资企业而言，目的地发生转变的企业生产率提升幅度更大；在二次海外投资时，由发展中国家转向发达国家的企业生产率提升幅度更为明显。Damijan 等（2017）的研究表明，投资于制造业的对外直接投资对母公司生产率产生显著的正向影响，而投资于非制造业的对外直接投资对母公司生产率没有影响，甚至会有负向影响。肖慧敏和刘辉煌（2014）研究发现，民营对外投资企业拥有更强的学习能力、获得更多的效率改善。

第三节　研究评述

本章主要回顾了对外直接投资理论研究的进展、对外直接投资与企业绩效的关系。对外直接投资理论从第二次世界大战后开始兴起和发展，最初的垄断优势理论、内部化理论、产品生命周期理论、国际生产折衷理论等传统对外直接投资理论主要关注企业进行对外直接投资的动因；20 世纪 90 年代以来，在对传统对外直接投资理论进行发展和完善的同时，研究者开始利用资源基础理论、组织学习理论、制度理论和网络理论等新引进的理论发展和验证对外直接投资理论。新理论的引入标志着对外直接投资的理论研究焦点从交易成本最小化转向企业海外市场资源配置、跨国并购、绩效等方面。

关于对外直接投资与企业绩效问题的研究文献相对较少，早期研究文献多从国家和产业层面分析对外直接投资的母国效应，主要分析对外直接投资对母国产出、生产率、投资、就业的影响。近年来，从企业微观层面分析对外直接投资对母公司经济绩效影响的文献逐渐增多，但研究结论混杂，甚至互相矛盾。

通过对企业对外直接投资与母公司经济绩效相关文献的梳理与分析发现，目前对外直接投资及其经济绩效的研究受到了研究者的广泛关注，并已经获得了许多具有学术参考价值和实际借鉴意义的研究成果。这些研究成果为本书的研究提供了丰富的学术背景和研究方法，是本书研究的坚实理论基础。目前虽然这一领域的研究在逐步深化，但仍然存在一定的不足和进一步研究的方向，主要表现在：

（1）缺乏对多种对外直接投资理论的有机整合。传统对外直接投资理论曾在 20 世纪七八十年代占主导地位，20 世纪 90 年代出现了新的理论对传统理论进行补充和完善，虽然资源基础理论、网络理论、制度理论、实物期权理论等新理论在一定程度上解释了企业对外直接投资决策，但没有一种理论能够完全解释企业对外直接投资的战略决策及对外直接投资绩效。因此，客观地理解和评估对外直接投资及其绩效问题，从多种理论整合的视角进行研究就显得尤为重要。

（2）在对外直接投资与企业经济绩效关系的讨论方面，对进入模式、投资动机、投资区位、投资广度等企业对外直接投资决策行为的讨论不够充分。现有研究文献在分析对外直接投资对母公司经济绩效的影响时所得出的实证结论混杂，甚至互相矛盾。这种实证结论的不一致可能主要是由一些潜在的调节效应和计量设计差异造成的。麦肯锡的研究报告显示，中国大部分跨国并购没有切实实现原定目标的最主要原因是投资时间选择的错误[1]；中国企业在进行对外直接投资时没有经验可供借鉴，其进入模式的选择甚至会决定其对外直接投资的成败。但鲜有研究文献分析企业投资决策的异质性对 OFDI-企业经济绩效关系的调节效应。

（3）现有研究文献在分析企业对外直接投资与其经济绩效关系时，主要集中在对企业生产率的影响，涉及企业利润问题的研究文献明显欠缺。生产率和利润率一样，是衡量企业经济绩效的重要指标之一。从理论上讲，生产率反映企业内部的生产能力，但实际在测度企业生产率时，因缺少价格方面的数据而常常用产值数据代替，故测度的企业生产率与企业实际生产率水平存在偏差。而利润率指标不仅体现了企业内部的生产能力，也体现了外部市场对其产品的需求水平，是企业内部生产能力与外部市场需求交互作用而形成的企业经济绩效。因此，在检验对外直接投资与企业经济绩效的关系时，需要使用多种指标全面衡量企业经济绩效。

（4）现有研究文献缺乏对企业进入东道国市场后整合能力的研究。麦肯锡研究报告指出，中国大部分跨国并购没有切实实现原定目标的另一重要原因是中国企业缺乏并购后整合的能力[2]。现有研究文献更多地关注企业对外直接投资决策的影响因素以及企业对外直接投资对东道国经济增长和就业的影响、对投资国产业结构和经济增长的影响和对企业经济绩效的影响。可能受限于资料

---

[1][2]　参见麦肯锡战略与公司金融咨询业务部 2017 年发布的《中企跨境并购袖珍指南》。

的可获得性，鲜有研究文献讨论企业在东道国市场整合资源、文化、制度等的现状和能力。

另外，现有研究文献较少关注对外直接投资影响企业经济绩效的中介效应，即使有个别文献涉及中介效应，也仅仅局限于对逆向技术溢出效应的讨论，而对于规模经济、资源再配置等中介效应几乎没有涉及。

第三章

中国对外直接投资发展现状分析

面对错综复杂的国际环境，中国经济稳中向好、长期向好的基本趋势未发生改变，这对世界经济增长发挥了积极作用。中国政府将继续健全对外投资政策和服务体系，搭建共建"一带一路"国际合作新平台，推动对外直接投资健康、规范、可持续发展，在更大范围和更深程度上参与国际合作，进而推动中国从投资大国稳步迈向投资强国。

第一节　中国对外直接投资的发展历程

中华人民共和国成立以来，随着中国综合国力的不断提升，中国与世界经济的联系日益深化。与此同时，中国对外直接投资也经历了从小到大、从弱到强、从区域到全球的逐步发展壮大过程。纵观中国对外直接投资的发展过程，大致可以划分为五个发展阶段。

一、中国对外直接投资萌芽阶段（1949~1978 年）

从中华人民共和国成立到 1978 年十一届三中全会确立改革开放政策这一阶段，中国发展战略的定位是"自力更生为主，争取外援为辅"。由于朝鲜战争之后美国等西方国家对中国实行严酷的国际禁运与封锁，再加上连年战争导致的积贫积弱，这一时期中国资本、技术、人才等生产要素严重匮乏，没有能力从事大规模的对外投资活动，仅有的继承型对外投资企业主要集中在香港地区，例如负责国内来港货物中转业务的招商局集团有限公司、负责进口重要物资和组织对港出口的华润（集团）有限公司以及香港中旅（集团）有限公司等国有企业，驻港"三大国企"为对外经贸与投资活动积累了宝贵经验①。在此阶段，在对外投资政策方面，主要是根据三个驻港国有企业的发展状态给予其充分的政策支持。

二、中国对外直接投资探索发展阶段（1979~1997年）

中国对外直接投资与中国改革开放是同步发展的。1978年党的十一届三中全会明确提出"在自力更生的基础上，积极发展同世界各国平等互利的经济合作"②。从此中国企业开始跨出国门，开展对外直接投资活动。1979年8月国务院颁布的15项经济改革措施的第13项中，首次明确提出"允许出国办企业"，第一次将发展对外直接投资提升到国家政策层面③。同年11月，北京友谊商业服务总公司与日本东京丸一株式会社在东京合资开办了"京和股份有限公司"，这是中国改革开放以来首家在境外开办的对外投资企业。随后中国船舶工业总公司、中国银行、中国五矿进出口总公司、中国化工进出口总公司等具备海外经营经验和渠道的企业相继在海外设立子公司或代表处。1992年邓小平南方谈话和党的十四大的召开，进一步推动了对外直接投资活动。根据UNCTAD数据库和《中国对外经济贸易年鉴》提供的数据，截至1997年12月31日，中国对外直接投资流量为25.62亿美元，是1982年0.44亿美元的58.23倍，对外直接投资存量为224.44亿美元；经中国政府批准的海外投资企业累计2143家，分布在全球140多个国家和地区。

这一阶段中国对外直接投资规模小且主要依托于对外贸易，参与企业少且主要集中在北京、上海、广州等地；对外投资的企业均为国有企业；投资行业从最初的餐饮、商贸等服务业和建筑工程业逐步拓展到机械加工、资源开发及交通运输等多个行业；投资区位也逐渐从中国香港地区及周边发展中国家向美国发达国家拓展。而相应的配套政策则主要以规范和管理对外直接投资的政策为主，具体政策如表3-1所示。

---

① 高鹏飞，辛灵，孙文莉. 新中国70年对外直接投资：发展历程，理论逻辑与政策体系 [J]. 财经理论与实践，2019，40（5）：2-10.

② 中国共产党第十一届中央委员会第三次全体会议公报 [N]. 人民日报，1978-12-22.

③ 张广荣. 我国"境外投资"基本政策发展演变 [J]. 国际经济合作，2009（9）：21-27.

表 3-1　1981~1997 年中国对外直接投资重要政策

年份	政策文件或会议	内容
1981	关于在国外开设合营企业的暂时规定	允许对外经济贸易合作部所属企业根据平等互利、协调一致，自负盈亏、独立核算的原则，先易后难，由小以大，逐步发展，有计划、有重点地在国外开设合营企业
1985	关于在国外开设非贸易性合资经营企业的审批程序和办法	明确下放部分企业境外投资的审批权限，降低企业进行境外投资的准入门槛，简化审批手续，缩短审批时间
1989	境外贸易、金融、保险企业财务管理暂行办法	境外企业财务活动要接受国内投资单位和主管部门及财政部门与国有资产管理部门的指导与管理，按期报送会计报表，及时向国家上缴外汇利润
1989	境外投资外汇管理办法	第一次规定了中国对外投资合作企业的主体资格、项目审查以及外汇管理制度，确保了国家外汇安全
1990	境外金融机构管理办法	对投资境外金融机构的管理做出了具体的法律规定
1991	关于加强海外投资项目管理意见	海外投资必须严格按规定的审批程序办理；项目建议书和可行性研究报告要报国家计委备案，合同、章程要报经贸部备案，并由经贸部审核颁发批准证书；对向外转移的国有资产，要严格按国家有关规定进行产权登记和管理等措施
1993	关于用国有资产实物向境外投资开办企业的有关规定	设立的境外实物投资项目，在办理相应手续后，须凭经贸部或授权部门颁发的《批准证书》及有关批文、合同等文件，到国有资产管理部门办理产权（立案）登记。经贸部或授权部门在办理颁发《批准证书》手续时，对以国有资产实物作为资本的投资项目，要在《批准证书》的备注栏中对国有资产及其实物投资情况加以注明，以便国有资产管理部门和海关部门核证，并办理相应手续
1993	关于暂停收购海外企业和进一步加强海外投资管理的通知	为了进一步加强境外投资的宏观管理，制止境内外汇资金的非正常流出，促进境外投资工作健康发展，要加强对境内企业和境外中资机构在境外投资收购公司股权的管理
1995	关于发布境外所得计征所得税暂行办法的通知	规定企业境外所得的确认办法和减免税问题
1996	境外国有资产产权登记管理暂行办法实施细则	凡是被批准在境外设立的机构和项目投资，都必须在政府授权部门审核颁发批准证书后，外汇管理部门批准汇出资金之前，到国家资产管理部门办理立案产权登记
1997	关于设立境外贸易公司和贸易代表处暂行规定	具备在境外设立贸易公司和贸易代表处资格的企业，在境外设立贸易公司和代表处须事先征求我有关驻外使（领）馆经商参处（室）的意见

资料来源：根据相关单位官网及公开文件整理。

三、中国对外直接投资快速发展阶段（1998~2012 年）

　　20 世纪 90 年代末，随着经济全球化和国际产业转移的不断深化，以及中国经济持续增长和综合国力的日益增强，中国开始注重对外直接投资。1997 年 9 月召开的中共十五大报告明确提出了"鼓励能够发挥我国比较优势的对外投资，更好地利用国内国外两个市场、两种资源"的战略方针。1997 年 12 月召开的第二次全国外资工作会议指出，不仅要积极吸引外国企业到中国投资办厂，也要积极引导和组织国内有实力的企业"走出去"，到国外去投资办厂，利用当地的市场和资源，"引进来"和"走出去"，是我国对外开放基本国策两个紧密联系、相互促进的方面，缺一不可。1998 年 2 月，中共十五届二中全会明确指出，在积极扩大出口的同时，要有领导、有步骤地组织和支持一批有实力有优势的国有企业"走出去"，到国外，主要到非洲、中亚、中东、中欧、南美等地投资办厂。2000 年 3 月，全国人大九届三次会议提出，鼓励国内有比较优势的企业到境外投资办厂，开展加工贸易或者合作开发资源，"走出去"作为一项国家发展战略被正式提出。2000 年 11 月，中共十五届五中全会首次明确提出，实行对外开放的基本国策，在"十五"期间乃至更长的一段时期，一个很重要的内容，就是要实施"走出去"的开放战略。中国正式确立了实施"走出去"战略。2001 年 3 月，"走出去"战略被正式写入全国人大九届四次会议通过的《中华人民共和国国民经济和社会发展第十个五年计划纲要》。中国正式提出"走出去"战略以及 2001 年中国加入世界贸易组织的重大历史机遇，极大地推动了中国企业对外投资，部分优质民营企业也迅速加入对外直接投资的行列，中国对外直接投资进入快速发展阶段。2012 年《中国对外直接投资公报》提供的数据显示，截至 2012 年 12 月 31 日，中国对外直接投资流量为 878.04 亿美元，是 1998 年 26.34 亿美元的 33.33 倍，对外直接投资存量达 5319.41 亿美元；中国 1.6 万家境内投资者在境外共设立对外直接投资企业 2.2 万多家，分布在全球 179 个国家和地区。

　　这一阶段中国对外直接投资规模迅速扩大，投资主体除国有企业外，民营企业也广泛参与；对外直接投资涵盖了采矿业、批发和零售业、租赁和商务服务业、金融业、制造业、建筑业等 16 个国民经济行业大类；投资区位以亚洲为重点呈广泛分布格局，对发达经济体的投资逐年提高，2012 年美国成为继中国香港之后的中国第二大直接投资目的地；对外直接投资动机和模式也呈现多元化发展。相应的对外直接投资的政策体系也发生了重大变化，中国政府开始重视对外直接投资在国民经济发展中的作用，相继出台了一系列鼓励和引导型政策文件，具体政策如表3-2所示。

表3-2　1998~2012年中国对外直接投资重要政策

年份	政策文件或会议	内容
1998	中共十五届二中全会	在积极扩大出口的同时，有领导、有步骤地组织和支持一批有实力有优势的国有企业"走出去"
1999	关于部分项目免缴境外投资汇回利润保证金的通知	为鼓励境外加工贸易和实物境外投资，对援外项目、不涉及购汇及汇出外汇的境外带料加工装配项目和中方全部以实物出资的境外投资项目免缴境外投资汇回利润保证金
1999	关于鼓励企业开展境外带料加工装配业务意见的通知	鼓励轻工、纺织、家用电器等机械电子以及服装加工等行业具有比较优势的企业到境外开展带料加工装配业务，享受资金、外汇管理、出口退税、金融服务和政策性保险等鼓励政策
2000	全国人大九届三次会议	鼓励国内有比较优势的企业到境外投资办厂，开展加工贸易或者合作开发资源，"走出去"作为一项国家战略被正式提出
2000	中共十五届五中全会	实行对外开放的基本国策，在"十五"期间乃至更长的一段时期，一个很重要的内容，就是要实施"走出去"的开放战略
2001	中华人民共和国国民经济和社会发展第十个五年计划纲要	鼓励有竞争优势的企业开展境外加工贸易，支持到境外合作开发国内短缺资源，鼓励企业利用国外智力资源，支持有实力的企业跨国经营，健全对境外投资的服务体系
2002	中共十六大会议	坚持"引进来"和"走出去"相结合，全面提高对外开放水平；鼓励和支持有比较优势的各种所有制企业对外投资，带动商品和劳务出口，形成一批有实力的跨国企业和著名品牌，积极参与区域经济交流和合作
2003	关于对国家鼓励的境外投资重点项目给予信贷支持有关问题的通知	中国进出口银行每年专门安排一定规模的"境外投资专项贷款"，用于支持国家鼓励的境外投资重点项目
2004	关于境外投资开办企业核准事项的规定	支持和鼓励有比较优势的各种所有制企业赴境外投资开办企业，商务部下放了审批权限
2005	关于建立境外投资重点项目风险保障机制有关问题的通知	中国出口信用保险公司向国家鼓励的境外投资重点项目提供投资咨询、风险评估、风险控制及投资保险等境外投资风险保障服务

年份	政策文件或会议	内容
2007	中共十七大会议	把"引进来"和"走出去"更好地结合起来,扩大开放领域,优化开放结构,提高开放质量,完善内外联动、互利共赢、安全高效的开放型经济体系,形成经济全球化条件下参与国际经济合作和竞争新优势
2007	关于鼓励支持和引导非公有制企业对外投资合作的若干意见	通过减少审批环节、在财税、融资、外汇、保险等各项政策方面享受与其他所有制企业同等待遇等措施,鼓励支持和引导非公有制企业积极参与国际竞争与合作,形成一批有较强国际竞争能力的跨国企业
2009	境外投资管理办法	下放 1 亿美元以下的对外投资核准权限,并逐步建立境外投资引导、促进和服务体系
2009	关于企业境外所得税收抵免有关问题的通知	对企业境外所得税收抵免有关问题做出了较为详细的规定,解决跨国企业双重征税问题
2009	境内机构境外直接投资外汇管理规定	正式取消外汇资金来源审查,极大地扩展了对外投资的外汇自由度
2012	中共十八大会议	加快"走出去"步伐,统筹双边、多边、区域次区域开放合作,提高抵御国际经济风险能力

资料来源:根据相关单位官网及公开文件整理。

四、中国对外直接投资全面发展阶段 (2013~2016 年)

2012 年中共十八大召开之后,中国逐渐有能力从适应国际投资环境提升到营造国际投资环境,中国对外直接投资进入一个崭新的发展阶段。2013 年 11 月中共十八届三中全会通过的《中共中央关于全面深化改革若干重大问题的决定》明确指出,加快同周边国家和区域基础设施互联互通建设,推进丝绸之路经济带、海上丝绸之路建设,形成全方位开放新格局。"一带一路"倡议的提出,在考虑中国国情特征的基础上,依托政治与政策驱动,充分发挥中国外汇储备、工业产能与产品性价比的优势,为中国企业"走出去"提供了战略支撑,为中国对外直接投资开辟了广阔天地。2015 年 3 月国家发展改革委、外交部、商务部联合发布了《推动共建丝绸之路经济带和 21 世纪海上丝绸之路的愿景与行动》,明确了"一带一路"的共建原则、框架思路、合作重点、合作机制等。2015 年 5 月国务院颁布的《关于推进国际产能和装备制造合作的指导意见》，立足国内技术和产能优势，有序推进钢铁、有色、建材、铁路、电力、化工、轻纺、汽车、通信、工程机械、航空航天、船舶和海洋工程等行业对外产能合作，加快"走出去"的步伐，提高对外直接投资的水平和能力。2015 年 10 月中共十八届五中全会审议通过的《中共中央关于制定国民经济和社会发展第十三个五年规划的建议》第一次明确提出"创新、协调、绿色、开放、共享"五大发展理念，在更高深度和广度上推进"引进来"与"走出去"有机结合，提高对外开放的质量和发展的内外联动性。2016 年 3 月全国人大十二届四次会议批准的《中华人民共和国国民经济和社会发展第十三个五年规划纲要》提出，完善对外开放战略布局，健全对外开放新体制，推进"一带一路"建设，积极参与全球经济治理，构建全方位开放新格局。2016 年 8 月工业和信息化部印发的《促进中小企业国际化发展五年行动计划（2016—2020 年）》指出，推进各地中小企业主管部门和中国银行各分支机构建立政银企合作机制，强化信息共享和政策协同，发挥中国银行"中小企业跨境撮合服务"平台的作用，创新金融支持方式，改善金融服务，促进中小企业融入全球市场，充分利用全球要素。2013 年"一带一路"倡议的提出，将中国对外直接投资活动推向巅峰。2016 年《中国对外直接投资公报》提供的数据显示，截至 2016 年 12 月 31 日，中国对外直接投资流量为 1961.49 亿美元，是 2013 年 1078.44 亿美元的 1.82 倍，对外直接投资存量达 13573.9 亿美元；中国 2.44 万家境内投资者在境外共设立对外直接投资企业 3.72 万多家，分布在全球 190 多个国家和地区。

这一阶段在全球和发达经济体经济增长低迷的情况下，中国对外直接投资则呈现快速增长态势，成为仅次于美国的世界第二大资本输出国。非金融类对外直接投资流量中将近 70% 来自非公有经济控股的境内投资主体；对外直接投资涵盖了租赁和商务服务业、制造业、信息传输、软件和信息技术服务业、房地产业等 18 个国民经济行业大类；亚洲依然是中国对外直接投资的重要区域，但发达经济体成为众多中国企业对外投资的首选投资目的地，对美国、欧盟、澳大利亚的投资均创历史新高；跨国并购活跃，并购金额中直接投资部分在中国对外直接投资总额中的占比超过 40%，涉及产业广泛。相应的中国对外直接投资政策更趋于完善和宽松，从鼓励对外直接投资演变为大力推动对外直接投资（见表 3-3）。

表 3-3　2013~2016 年中国对外直接投资重要政策

年份	政策文件或会议	内容
2013	中共中央关于全面深化改革若干重大问题的决定	加快同周边国家和区域基础设施互联互通建设，推进丝绸之路经济带、海上丝绸之路建设，形成全方位开放新格局
2015	推动共建丝绸之路经济带和 21 世纪海上丝绸之路的愿景与行动	明确了"一带一路"的共建原则、框架思路、合作重点、合作机制等
2015	关于推进国际产能和装备制造合作的指导意见	立足国内技术和产能优势，通过强化政府引导和推动、政策支持力度，推动钢铁、铁路、化工、电力、航天等产业"走出去"的力度，提高"走出去"的能力和水平
2015	中共十八届五中全会	提出"创新、协调、绿色、开放、共享"五大发展理念，推动更高深度和广度的"引进来"与"走出去"相结合，提高对外开放的质量和发展的内外联动性
2016	中华人民共和国国民经济和社会发展第十三个五年规划纲要	以"一带一路"建设为统领，丰富对外开放内涵，提高对外开放水平，协同推进战略互信、投资经贸合作、人文交流，努力形成深度融合的互利合作格局，开创对外开放新局面
2016	促进中小企业国际化发展五年行动计划	支持中小企业利用全球要素，优化资源配置，积极融入全球产业链和价值链

资料来源：根据相关单位官网及公开文件整理。

五、中国对外直接投资转型调整阶段（2017 年至今）

全球范围内逆全球化浪潮的不断攀升，加大了对外直接投资的风险和挑战。为了防范企业对外直接投资面临的不确定性风险和规范企业对外直接投资的行为，中国收紧了对外直接投资监管政策，限制对房地产、酒店、娱乐等领域的投资，引导企业理性进行对外直接投资。2017 年 5 月中央全面深化改革领导小组第三十五次会议审议通过的《关于规范企业海外经营行为的若干意见》指出，要围绕体制机制建设，突出问题导向，落实企业责任，严格依法执纪，补足制度短板，加强企业海外经营行为合规制度建设，逐步形成权责明确、放管结合、规范有序、风险控制有力的监管体制机制，更好地服务于对外开放大局。2017 年 8 月国务院办公厅转发国家发展改革委、商务部、人民银行、外交部《关于进一步引导和规范境外投资方向的指导意见》，首次采用负面清单模式，支持境内有能力、有条件的企业积极稳妥开展境外投资活动，带动国内优势产能、优质装备、适用技术输出，弥补我国能源资源短缺；限制境内企业开展与国家和平发展外交方针、互利共赢开放战略以及宏观调控政策不符的境外投资；禁止境内企业参与危害或可能危害国家利益和国家安全等的境外投资。2017年10月国家发改委等28部门联合印发的《关于加强对外经济合作领域信用体系建设的指导意见》指出，加快对外经济合作领域信用记录建设，推动信用信息共享应用，建立失信联合惩戒机制，有效规范对外经济合作秩序和参与者行为。2017年12月国家发改委等五部门联合发布的《民营企业境外投资经营行为规范》从完善经营管理体系、依法合规诚信经营、切实履行社会责任、注重资源环境保护和加强境外风险防控五个方面对民营企业境外投资经营活动进行引导和规范。2018年1月商务部等7部门联合发布的《对外投资备案（核准）报告暂行办法》指出，建立"管理分级分类、信息统一归口、违规联合惩戒"的对外投资管理模式，明确对外投资备案（核准）按照"鼓励发展+负面清单"进行管理，实行最终目的地管理原则。2019年1月中国银保监会发布的《关于加强中资商业银行境外机构合规管理长效机制建设的指导意见》明确指出，中资商业银行境外机构要严格遵守东道国法律，通过健全合规责任机制、优化合规管控机制、改进合规履职机制、强化合规保障机制、加强监管沟通机制和完善跨境监管机制，建立全面有效的合规管理体系。此外，中国政府也通过"一带一路"官网、"走出去"公共服务平台，为企业"走出去"在海外市场进行合规经营提供法律法规、国际条约、经贸规则、规范指引等方面的指导和服务。

随着这一系列对外直接投资新政策的出台和国际投资环境的变化，中国对外直接投资进入了转型调整阶段。2018年《中国对外直接投资公报》提供的数据显示，截至2018年12月31日，中国对外直接投资流量为1430.4亿美元，比2017年的1582.9亿美元下降了9.63%，比2016年的1961.49亿美元下降了27.08%，对外直接投资存量达19822.7亿美元；中国2.7万家境内投资者在境外共设立对外直接投资企业4.3万多家，分布在全球188个国家和地区。

由于全球范围内逆全球浪潮高涨、世界经济发展低迷和中国对对外直接投资监管的加强，这一阶段中国对外直接投资规模有所下降，但在全球对外直接投资额中的占比创历史新高。非公有经济控股主体对外直接投资占比继续提升；对外直接投资涵盖了国民经济的18个行业大类，其中流向信息传输、科学研究和技术服务、电力生产和供应、文化等领域的投资快速增长；投资区位仍然以亚洲为主，但对非洲、美洲的投资快速增长；跨国并购稳步发展，成为中国对外直接投资的主要模式。相应地，这一阶段的对外直接投资政策主要规范企业对外直接投资行为，引导企业审慎决策、理性投资，促进对外直接投资高质量发展（见表3-4）。

表3-4　2017年以来中国对外直接投资重要政策

年份	政策文件或会议	内容
2017	关于规范企业海外经营行为的若干意见	从制度层面规范企业对外直接投资行为
2017	关于进一步引导和规范境外投资方向的指导意见	首次采用负面清单模式明确了支持、限制和禁止三类对外直接投资类型
2017	关于加强对外经济合作领域信用体系建设的指导意见	建立对外经济合作信用体系，对严重失信行为采取惩戒措施
2017	民营企业境外投资经营行为规范	从完善经营管理体系、依法合规诚信经营、切实履行社会责任、注重资源环境保护和加强境外风险防控五个方面对民营企业境外投资经营活动进行引导和规范
2018	对外投资备案（核准）报告暂行办法	建立"管理分级分类、信息统一归口、违规联合惩戒"的对外投资管理模式，按照"鼓励发展+负面清单"进行管理，实行最终目的地管理原则
2019	关于加强中资商业银行境外机构合规管理长效机制建设的指导意见	中资商业银行境外机构严格遵守东道国法律，建立全面有效的合规管理体系

资料来源：根据相关单位官网及公开文件整理。

第二节　中国对外直接投资的发展演变

中华人民共和国成立以来，中国对外直接投资规模经历了从小到大、从弱到强、从区域到全球的发展过程，对外直接投资的动机、模式、区位、产业日益多元化，中国逐渐成为全球主要的对外投资大国和拉动全球跨境直接投资增长的重要引擎，对深化国际经贸关系、推动构建开放型世界经济发挥了积极作用。

一、中国对外直接投资规模的发展演变

中华人民共和国成立以来，随着中国综合国力的不断提升，中国与世界经济的联系日益深化，中国对外直接投资规模从小到大、从弱到强，特别是"走出去"战略实施和"一带一路"倡议的提出，极大地促进了中国对外直接投资的快速发展。历年《中国对外直接投资统计公报》提供的数据（见图3-1）显示，截至2018年12月31日，中国对外直接投资流量为1430.4亿美元，较上年末减少了152.5亿美元，是2002年的52.96倍，2002～2018年均增长26.16%；对外直接投资占全球比重连续三年超过10%，从2002年的0.51%提升至14.1%，增加了13.59个百分点；对外直接投资流量排名从2002年的全球第26位跃升到第2位，规模略低于日本（1431.6亿美元）。2018年中国对外直接投资存量为19822.7亿美元，较上年末增加1732.3亿美元，是2002年的66.3倍，2002～2018年年均增长29.97%；对外直接投资存量占全球的比重连续三年超过了5%，从2002年的0.41%提高到了6.4%，增加了5.99个百分点；对外直接投资存量排名从2002年的全球第25位跃升到第3位，仅次于美国（64747亿美元）和荷兰（24273亿美元）。

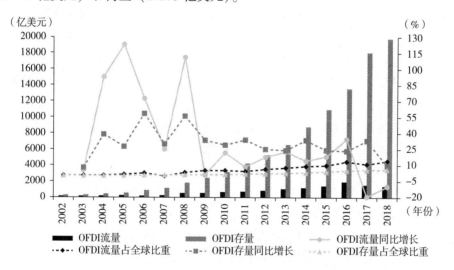

图3-1 2002～2018年中国对外直接投资增长变动趋势

全球经济下行导致保护主义蔓延，发达国家尤其是美国、欧盟各国保护主义不断升级，对外国投资的审查日益严苛，再加上中国对企业对外直接投资行为的规范，2017 年以来中国对外直接投资连续出现负增长，但中国对外直接投资长期向好的趋势并没有改变，在全球外国直接投资流出总量中所占的比重也不断提升。无论从对外直接投资流量还是存量的统计数据看，目前中国无疑已成为全球外国直接投资的主要输出国，但作为世界第二大经济体，中国对外直接投资占全球的比重依然较低，2018 年中国对外直接投资存量占全球的 6.4%，仅仅相当于同期存量排名第一的美国的 30.62%。

二、中国对外直接投资行业的发展演变

在中国对外直接投资规模快速增长的同时，对外直接投资的行业结构趋于优化。中国对外直接投资的行业分布从改革初期以贸易服务业和物流业为主逐渐演变为 20 世纪 80 年代的以服务业、建筑业、机械加工业等行业为主，20 世纪 90 年代则以采矿业、交通运输业、制造业、批发和零售业、商务服务业为主。随着"走出去"战略的实施和"一带一路"倡议的践行，中国对外直接投资涵盖的行业不断拓宽，从 2012 年涵盖国民经济 16 个行业大类扩展到 2018 年的 18 个行业大类。历年《中国对外直接投资统计公报》提供的数据（见图 3-2）显示，截至 2018 年 12 月 31 日，中国对外直接投资涉及国民经济 18 个行业大类，比 2003 年多了 10 个行业、比 2012 年多了 2 个行业，流量超过百亿美元的包括租赁和商务服务业、制造业、批发和零售业、金融业 4 个行业，其中租赁和商务服务业、制造业、批发和零售业这 3 个行业占全年对外直接投资流量的比重高达 57.42%，比 2003 年的 44.2% 提高了 13.02 个百分点、比 2012 年的 55.19% 提高了 2.23 个百分点；流向采矿业的对外直接投资为 46.3 亿美元，占比为 3.24%，比 2003 年的 48.2% 降低了 44.96 个百分点、比 2012 年的 15.42% 降低了 12.18 个百分点；流向信息传输、软件和信息技术服务业的对外直接投资为 56.3 亿美元，占比为 3.94%，比 2012 年的 1.41% 提高了 2.53 个百分点，中国对外直接投资的行业分布呈现广泛且相对集中的特征。

随着中国政府强化对外直接投资领域的规划引导和完善监管服务，非理性对外直接投资得到有效遏制，实体经济和新兴产业对外直接投资不断强化，2018 年流向租赁和商务服务业，制造业，批发和零售业，金融业，信息传输、软件和信息技术服务业，交通运输、仓储和邮政业这 6 个行业的对外直接投资流量占比达 80.15%，存量为 15684.4 亿美元，占比达 79.12%；流向文化，教

育，电力、热力、燃气及水的生产和供应业的对外直接投资实现高速增长，同比分别增长了 341. %、328.5% 和 100.6%，中国对外直接投资的行业结构进一步优化。

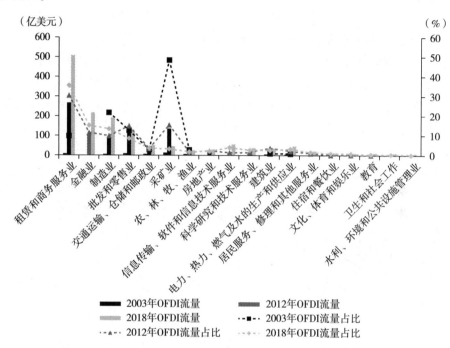

图 3-2 2003 年、2012 年和 2018 年中国对外直接投资行业分布变动趋势

三、中国对外直接投资区位的发展演变

中国对外直接投资区位分布从改革初期以中国香港为主逐渐演变为 20 世纪 80 年代的以中国香港、日本、东南亚等地为主，20 世纪 90 年代以中国香港、日韩、欧美、南美及中东等地为主，随着"走出去"战略的实施和"一带一路"倡议的践行，中国对外直接投资遍布全球 80% 以上的国家和地区。历年《中国对外直接投资统计公报》提供的数据（见图 3-3）显示，2018 年中国对外直接投资分布在全球 188 个国家和地区，北美洲和非洲是中国对外直接投资流量增长最快的地区，亚洲依然是中国对外直接投资最主要的流向目的地。中国对亚洲的投资占其当年对外直接投资流量的比重从 2003 年的 52.5% 提升至

2012 年的 73.78%、进而提升至 2018 年的 73.8%；对拉丁美洲的投资占比从
2003 年的 3.65%提升至 2012 年的 7.03%、进而提升至 2018 年的 10.2%；对北
美洲的投资占比从 2003 年的 2.04%提升至 2012 年的 5.56%、进而提升至 2018
年的 6.1%；对非洲的投资占比从 2003 年的 2.6%提升至 2012 年的 2.87%、进
而提升至 2018 年的 3.8%；对欧洲的投资占比从 2003 年的 5.3%提升至 2012 年
的 8.01%又下降到 2018 年的 4.6%；对大洋洲的投资占比从 2003 年的 1.1%提
升至 2012 年的 2.75%又下降到 2018 年的 1.5%。对"一带一路"沿线国家的投
资流量在遵循共商、共建、共享的原则下稳步增加，占当年中国对外直接投资
流量的比重从 2013 年的 11.71%提高到 2018 年的 12.51%。

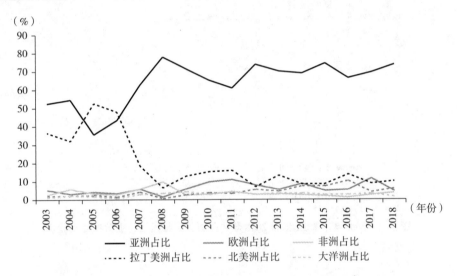

图 3-3 2003~2018 年中国对外直接投资区位分布变化趋势

由此可见，中国对外直接投资区位分布呈现广泛且不平衡的特征。中国历
年对外直接投资流量前十位国家和地区中，对外直接投资流向中国香港、英属
维尔京群岛和开曼群岛三个"避税天堂"地区的投资占中国当年总流量的比重
虽然从 2003 年的 76.04%下降到 2012 年的 61.85%，但随后又上升到 2018 年的
69.56%，整体占比将近 70%；与此同时，中国对外直接投资流向欧盟、美国、
澳大利亚等发达经济体的投资占比从 2003 年的 8.61%逐年提高到 2012 年的
15.39%、进而提升至 2018 年的 21.23%，对外直接投资的区位分布呈现进一步
优化的趋势。

四、中国对外直接投资模式的发展演变

中华人民共和国特别是"走出去"战略实施以来，中国对外直接投资模式不断创新，从最初单一的绿地投资发展演化到今天，已涵盖绿地投资、跨国并购、联合投资、股权置换、返程投资等多种模式。目前绿地投资依然是中国对外直接投资的重要模式，跨国并购也成为中国企业参与国际分工、获取战略资源的主要模式。《中国对外直接投资公报》提供数据（见图3-4）显示，中国跨国并购稳步发展，其中直接投资①从2003年的6.32亿美元增加到2008年的302亿美元、2012年的276亿美元、2018年的310.9亿美元，占当年中国对外直接投资流量的比重从22.18%提高到2008年的54.02%、2012年的31.44%、2018年的21.74%。

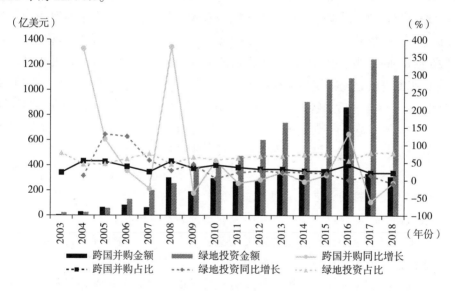

图 3-4 2003~2018 年中国对外直接投资区位分布变化趋势

中国对外直接投资模式不仅呈现多元化的特征，且跨国并购领域主要集中在制造业，采矿业，交通运输、仓储和邮政业，电力、热力、燃气及水的生产和供应业，占跨国并购金额的70%左右；中国跨国并购的十大目的地以美国、

---

① 指境内投资者或其境外企业收购项目的款项来源于境内投资者的自有资金、境内银行贷款（不包括境内投资者担保的境外贷款，此部分纳入对外直接投资统计）。

英国、澳大利亚、加拿大、德国等发达国家为主。然而，由于中国企业缺乏对国际资本市场的了解，缺乏对国外法律体系与工会组织的认识以及并购完成后难以进行内部整合①，近几年中国企业跨国并购的失败案例较多。企业跨国并购能否成功，不仅取决于并购企业本身，也受东道国政府干预、东道国宗教和文化等多种因素的影响，因而目前跨国并购在中国对外直接投资中尚未形成稳定的主体优势地位。

五、中国对外直接投资动机的发展演变

经历几十年的对外投资实践，随着中国经济、技术和市场的发展，中国对外直接投资的动机从最初单一的市场寻求型逐步演化为市场寻求型、资源寻求型、效率寻求型、战略资源寻求型并存的多元化格局。在中华人民共和国之初到对外改革开放之前这一阶段，由于国内资本、技术匮乏，为了换取外汇，中国对外直接投资只能以市场为目的；在拥有一定的投资经验和资本积累之后，即 20 世纪 90 年代，中国对外直接投资的动因演变为市场寻求型和效率寻求型并存，以此缓解这一时期中国存在的国际贸易顺差过大、国际贸易摩擦和壁垒等问题；2000 年之后，特别是 2001 年中国加入世界贸易组织之后，涌现出大量"资源寻求型"对外直接投资；无论是市场寻求型，效率寻求型还是资源寻求型对外直接投资，对于促进国内经济增长、提升国际竞争力和中国在全球价值链分工中的地位的作用是有限的，中国政府和企业意识到通过对外直接投资学习、吸收发达国家的先进技术和管理经验的重要性，鼓励企业在境外设立研发中心或机构，因而在近十多年出现了以获取先进技术和管理经验为动因的战略资源寻求型对外直接投资。四种投资动机会并存，不同的投资动机会影响企业对外直接投资的区位选择和行业变迁。

此外，随着企业对外直接投资经验和资本的积累以及技术和管理水平的提升，中国对外直接投资逐渐从最初的投资单一东道国演变到同时投资多个东道国，对外直接投资的广度不断拓展。

---

① 杨波，魏馨. 中国企业海外并购的困境与对策 [J]. 宏观经济研究，2013（6）：98—103.

第三节　本章小结

随着中国综合国力的不断提升，中国与世界经济的联系日益深化，中国对外直接投资经历了从小到大、从弱到强、从区域到全球的逐步发展壮大过程。伴随这一发展过程，中国对外直接投资行业、区位、模式、动机等也呈现多元化的演变趋势。

从1949年中华人民共和国成立到1978年改革开放前这一阶段，由于连年战争和西方国家对中国封锁，中国资本、技术、人才等生产要素严重匮乏，没有能力从事大规模的对外投资活动，仅存在几个继承型对外投资企业；中国对外直接投资只能在香港以获取市场为目的，仅仅涉及餐饮和商贸服务业。

从1979年国务院明确提出"允许出国办企业"开始到1997年，中国政府连续出台了一系列规范和管理对外直接投资的政策，推动了中国对外直接投资的发展。这一阶段中国对外直接投资虽然规模小、参与企业少，但这是中国主动"走出去"参与国际市场的阶段，企业对外直接投资的动机是寻求市场和效率，涉及的行业也逐步增加到机械加工、资源开发及交通运输等多个行业，投资区位除中国香港外，逐渐向日本、东南亚地区拓展。

从1997年中共十五大明确指出"鼓励对外投资"到2012年，中国政府对外直接投资的政策从以前的"规范和管理"演化为"支持和鼓励"，相继出台了一系列鼓励和引导对外直接投资的政策文件，推动了中国对外直接投资迅速发展。这一阶段中国对外直接投资规模迅速扩大，投资主体除国有企业外，民营企业也广泛参与；对外直接投资动机不仅是寻求市场和效率，也为了获取国外资源；对外直接投资涵盖了采矿业、批发和零售业、租赁和商务服务业、金融业、制造业、建筑业等16个国民经济行业大类；对外直接投资区位以亚洲为重点呈广泛分布格局，对发达经济体的投资逐年提高。

2013年中共十八届三中全会提出"一带一路"倡议到2016年，中国对外直接投资政策从鼓励对外直接投资演变为大力推动对外直接投资，且政策体系趋于完善和宽松，这推动了中国对外直接投资全面发展。这一阶段中国对外直接投资持续快速发展，中国成为仅次于美国的世界第二大资本输出国；中国对外直接投资动机除了市场寻求型、效率寻求型和资源寻求型外，中国政府和企业更注重以获取国外先进技术和管理经验的战略资源寻求型对外直接投资；对外直接投资涵盖了租赁和商务服务业、制造业、信息传输、软件和信息技术服务业、房地产业等 18 个国民经济行业大类；对外直接投资分布在全球 190 多个国家和地区，发达经济体成为众多中国企业对外投资的首选投资目的地。

　　随着全球经济下行导致保护主义蔓延，发达国家尤其是美国、欧盟各国保护主义不断升级，对外国投资的审查日益严苛，从 2017 年开始，中国对外直接投资政策从"支持、鼓励、推动"调整为规范企业对外直接投资行为，引导企业理性投资，推动中国对外直接投资步入高质量发展阶段。这一阶段中国对外直接投资连续出现负增长，但中国对外直接投资长期向好的趋势并没有改变，在全球外国直接投资流出总量中所占的比重也不断提升。

第四章

企业对外直接投资与母公司
经济绩效的理论分析

第一节　企业对外直接投资与母公司
经济绩效：综合理论视角

第二次世界大战以后，随着欧美等发达国家对外直接投资和跨国公司的迅速发展，经济学界对这一领域进行了大量的探讨和研究，形成了一些对外直接投资理论。这些理论从不同视角分析了企业从事对外直接投资的收益和成本，进而就对外直接投资与母公司经济绩效的关系做出了不同推断。

一、内部化理论

以 Buckley 和 Casson（1976）、Rugman（1980）为代表的内部化理论学者认为，企业对外直接投资是市场内部化过程的产物。国际市场的不完全导致中间产品市场的不完全特别是知识、信息等无形资产的中间市场的不完全，对外直接投资以中间产品市场内部化的方式将众多企业之间的多次市场交易转变为大企业的一次交易，即从在市场上通过市场价格、竞争机制调整资源数量、流量和流向转变为在企业内部通过计划、组织等管理职能来协调和控制。通过对外直接投资将中间产品市场内部化使采购、生产和销售有序衔接，使人员、设备等资源有效配置，从而节约生产成本，提高企业绩效。企业通过对外直接投资以中间产品市场内部化的形式降低生产成本的同时，可以在国际范围内利用自身专有资产和独特优势，特别是信息、管理经验、信誉、品牌等专有的无形资产进行扩张带来极大的净收益；通过不同国家和地区之间的内部转移定价，对外直接投资不仅可以规避关税、国内税以及国家对资本流动的限制，节约税收支出，而且可以影响甚至操纵市场价格获取垄断利润。此外，Cantwell（2000）认为，知识产品市场内部化的收益除了节约交易成本外，更重要的是通过知识产品一体化，形成企业有效利用知识产品的"默会"能力，即以较低的成本获取使用技术的超额利润。

跨国企业通过对外直接投资以中间产品市场内部化的方式获取国际化收益的同时，也可能产生相应的国际化成本，包括资源成本、沟通成本、管理成本等额外成本。内部化理论认为，当中间产品市场内部化的收益大于外部市场交易成本与由内部化引致的额外成本之和时，企业就会通过拥有的内部化优势来从事对外直接投资活动，这就意味着企业从事对外直接投资活动会提升其经济绩效。内部化理论强调企业国际化收益较好地解释了跨国企业的存在性，但忽视了生产成本对企业从事对外直接投资的决定性作用。

二、国际生产折衷理论

Dunning（1977）提出并经过多次发展和完善的国际生产折衷理论是国际直接投资理论中影响最大的理论体系。该理论认为，企业对外直接投资主要由所有权优势、内部化优势和区位优势这三个基本因素决定。与其他国家的企业相比，企业在其所参与的特定市场或多个市场中所拥有的独特的和持续的所有权优势，即主要包括企业独享的产品创新、生产管理、组织和营销体系、创新能力、市场营销和融资等所积累的经验等无形资产优势，以及由制度和相关跨境生产经营活动的共同治理和协同所产生的组织优势、互补型资产优势和制度优势，是跨国经营活动存在的根本原因。对于拥有所有权优势的企业而言，通过将中间产品市场内部化的方式来规避外部市场交易所产生的搜寻和谈判成本道德风险以及逆向选择所导致的成本，以及规避或利用政府的介入、控制投入要素的供给和销售渠道、实施内部转移定价等增加所有权优势的附加价值，这种内部化优势决定企业参与国际生产的方式。不同国家或地区因资源禀赋的空间分布、市场的空间分布、政府的投资与贸易政策、基础设施、政治经济制度、意识形态等的差异，拥有所有权优势和内部化优势的企业在海外创造、获得或利用其所有权优势在多大程度上符合其全球利益，取决于其国际生产选择的区位是否具有区位优势。国际生产折衷理论认为，当企业同时具有所有权优势、内部化优势和区位优势时，企业才愿意进行对外直接投资，而这三种优势使企业获得更好的经济绩效（Dunning，1988）。

三、资源基础理论

以 Wernerfelt（1984）为标志、经过 Peteraf（1993）、Barney（1991，1997）等研究发展而形成的资源基础理论基于"资源—战略—绩效"范式探讨了企业资源与持续竞争优势之间的关系。根据资源基础理论，企业资源包括企业控制的所有资产、能力、组织过程、技术、信息、知识、信誉等，Barney（1991）将其概括为物质资本资源、人力资本资源和组织资本资源，认为只有对企业竞争力起促进作用的资源才是战略性资源，战略性资源具有价值性、稀缺性、不完全模仿性和不完全流动性的特征，是资源基础理论关注的重点。资源基础理论认为，企业从事对外直接投资的一个关键因素在于其所拥有的有价值的、稀缺的、不可流动且难以复制的独特的战略性资源，并通过资源异质性、事后竞争限制、不完全流动性和事前竞争限制等机制将战略性资源进行有效配置，形成企业持续的竞争优势，进而获得经济租金。具体而言，跨国企业所拥有异质性战略资源是对外直接投资活动产生经济租金的前提；异质性资源的稀缺性使跨国企业从事对外直接投资活动时可以获得经济租金；资源市场的不完全性形成对资源获取的事前竞争限制，使异质性资源所产生的经济租金超过资源获取所支付的成本；资源不流动性进一步使经济租金依附于企业组织；而事后竞争限制（隔离机制）使跨国企业长期获取经济租金和竞争优势。

资源基础理论将企业看作一个资源集合体，重点关注战略性资源的异质性，没有考虑企业对市场的控制行为，即忽视了企业家精神、交易成本对价值创造的影响。

四、外来者劣势

由于投资国与东道国社会经济环境、地理、制度、意识形态等的差异，与东道国本地企业相比，跨国企业在海外市场从事生产经营活动处于竞争劣势，需要承担额外的海外经营成本。Hymer（1976）最早发现跨国企业子公司在东道国市场经营存在先天劣势。Zaheer（1995）将这种"先天劣势"称为外来者劣势，认为外来者劣势主要包括空间成本、企业特有成本、东道国环境成本、母国环境成本。Eden 和 Miller（2004）将外来者劣势细分为因信息不对称而带来的不熟悉危害和因合法性缺失而造成的关系危害及歧视危害。跨国企业海外经营过程中因缺乏对东道国政治、经济、文化、制度、宗教信仰等的了解而引致的判断失误或决策滞后以及东道国各利益相关者因不熟悉跨国企业及其产品而产生对母国偏好不熟悉所导致的危害，增加了跨国企业海外经营的交易成本；投资国与东道国之间地理、制度、文化、价值观等差异的存在导致跨国企业内部管理冲突以及外部关系缺失等关系危害，影响跨国企业从东道国获取物质资源、渠道资源、金融资源和人力资源；东道国政府和公众因来源国形象和经济民族主义而产生的歧视危害，提高了跨国企业海外市场进入壁垒和经营障碍。因此，外来者劣势提高了跨国企业海外生产经营成本，导致企业经济绩效下降，甚至危及企业的生存和发展。

五、组织学习理论

源自 Argyris 和 Schön（1997）、经由许多研究者丰富和拓展的组织学习理论认为，组织学习是组织通过学习，有效地理解、处理和响应组织内外的各种信息，及时甄别和修正组织中错误的过程。组织学习的主体包括组织成员、团队和组织，客体主要是信息与知识。组织学习是一个动态迭代过程，组织首先从外部或以往经验中获取知识，其次通过理解、处理将这些知识应用在行为和决策方面，并从经验知识与外部环境的交互作用中获得新知识反馈给组织，最后组织融合已有知识和反馈的新知识，改善知识体系，为下一次学习提供知识。Lyles 和 Schwenk（1992）将组织学习分为经验学习、模仿学习和创新学习。组织通过组织学习构建知识体系、改变组织结构、调整组织流程等，不断地纠正错误、适应环境、提高绩效、形成竞争优势（Hotho 和 Lyles，2015；Zhang 等，2015；叶晓文和李京勋，2016）。

从组织学习的视角探讨对外直接投资与母公司经济绩效的关系，跨国企业通过经验学习熟悉东道国市场环境、制度环境和文化环境，克服或降低跨国经营中的外来者劣势，增强对东道国市场的适应能力；通过模仿学习和创新学习可以不断获取知识、技术等战略性资产，促进逆向技术转移，提升企业经济绩效和国际竞争力。

此外，Kojima（1978）的边际产业转移理论认为，对外直接投资从投资国已处于或即将处于比较劣势、在东道国具有比较优势或潜在比较优势的边际产业开始进行投资，可以优化资源配置、获得更高的经济绩效。投资组合理论认为，与国际股权市场相比，对外直接投资为个人或机构股权投资者提供了一种依据地理差异进行资产组合多样化的更优越的工具，具有某种非金融优势，使对外直接投资可以降低投资成本和分散投资风险。创新理论认为企业对外直接投资过程就是一种进行创新或采用新观点的学习过程，体现了海外市场机会的发现和利用过程。

目前已有的各种理论在一定程度上解释了企业对外直接投资对母公司经济绩效的影响，对于理解企业对外直接投资与母公司经济绩效的关系做出了重要贡献，但没有一种理论能够完全解释企业对外直接投资与母公司经济绩效的关系，多理论的整合显得尤为必要。基于此，本书构建了一个关于企业对外直接投资与母公司经济绩效关系的综合理论视角框架，如图4-1所示。

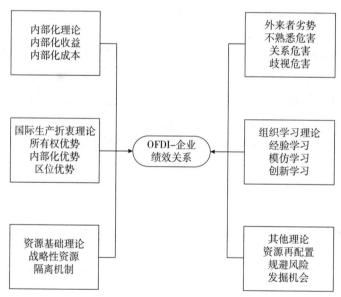

图 4-1　OFDI-母公司经济绩效关系的综合理论视角框架

第二节　企业对外直接投资对母公司
经济绩效影响机理分析

依据第一节构建的企业对外直接投资与母公司经济绩效关系的综合理论视

角框架，企业对外直接投资通过资源再配置效应、规模经济效应、逆向技术溢出效应、外来者劣势等路径影响母公司的经济绩效。

一、资源再配置效应

根据资源基础理论，对外直接投资使企业可以充分利用不同国家（或地区）的区位优势，在全球范围内对资源进行整合和再配置。具体而言，企业从事对外直接投资通过边际产业转移和过剩产能输出，在全球范围进行资源的再配置，从而提高母公司的生产效率，即存在如下逻辑链条：对外直接投资—资源再配置—提高母公司生产效率。企业从事对外直接投资通过资源再配置促进母公司生产效率提高主要包括两条机制。

1. 边际产业转移机制

Kojima（1978）的边际产业转移理论认为，某些产业在本国已经或即将处于劣势地位，成为该国的边际产业，而在另一些国家可能正处于优势地位或潜在的优势地位，因而对外直接投资应从本国已经处于或即将处于劣势地位的边际产业开始依次进行。随着经济的持续发展，中国人口红利逐渐消失，资源瓶颈约束问题凸显，生产要素成本不断攀升，企业通过对外直接投资将某些效率低下且处于比较劣势的边际产业转移到东南亚、中东、拉美等国家，这些国家自然资源和劳动力资源丰裕，利用东道国廉价的劳动力或特有的资源禀赋，可以有效地降低企业的生产经营成本，延长产品生命周期；同时伴随着处于比较劣势的低效产业转移到海外，母公司这些产业占据的生产要素得以释放，能够集中优势资源发展附加值和技术含量高的生产，从而促进了母公司生产效率的提升。

2. 过剩产能输出机制

20世纪90年代以来，产能过剩问题一直困扰着中国经济的发展，特别是随着中国经济步入新常态，这一问题愈加凸显。有关统计显示，中国有19个制造业行业产能利用率不足79%，其中7个行业在70%以下。随着中国对外直接投资规模的扩大，特别是"一带一路"倡议的提出和践行，"一带一路"沿线众多发展中国家成为过剩产能输出的主要市场。钢铁、水泥、玻璃等产能过剩行业转移到海外市场，一方面增加了企业的海外销售，扩大了其市场份额；另一方面释放了大量的厂房、设备等生产要素，使之在折现后可以投向更有效率的生产环节，从而提高了企业的生产效率和经营效率。

二、规模经济效应

Buckley 和 Casson（1976）的内部化理论认为，由于外部市场的不完善，跨国企业通过对外直接投资在全球范围内建立生产经营实体，形成一体化的生产组织和内部交换体系，将外部市场转变为内部市场，以内部化的形式降低资源获取成本，绕开东道国关税等有形或无形的贸易壁垒，降低交易成本，扩大生产规模，在生产和流通环节实现规模经济和范围经济。根据国家税务总局的资料，截至 2018 年 9 月中国已对外正式签署 105 个避免双重征税协定，其中 100 个协定已生效；中国与澳大利亚、新西兰、加拿大、智利等国家签署了 100 多个双边投资协定，与澳大利亚、新西兰、韩国、巴基斯坦等签署了 16 个自由贸易协定①。根据这些协定，中国企业对外直接投资不仅能够保护其权益，而且可以大幅降低其成本。资源基础理论也认为，企业通过对外直接投资可以开拓国际市场、扩大市场规模，有助于实现规模经济和范围经济、节约生产成本，从而有助于提高母公司和子公司的生产率。Head 等（2004）认为，企业通过对外直接投资将产品下游生产或加工环节转移到海外，按照不同生产环节内在的核心优势建立垂直一体化的分支机构或子公司，进行垂直化生产；分支机构或子公司通常从母公司购买中间投入品或服务，引致母公司产量增加，进而导致工厂层面和公司层面的规模经济，促进母公司生产率的提升（Stevens 等，1992；Desai 等，2005；Herzer，2008）。企业通过对外直接投资收购或兼并同类产品生产企业实施水平一体化生产，扩大企业的经营规模，减少竞争对手，实现规模经济，提高竞争优势和生产效率（Herzer，2011）。

三、逆向技术溢出效应

逆向技术溢出是相对于技术溢出而言的。早期的研究者在研究国际资本流动时发现，一国在吸引外商投资的过程中，外商投资企业通过在东道国建厂或合作合资经营将其先进的技术、知识、管理经验等溢出给东道国本地企业，从而促进东道国本地企业技术进步和生产率的提高。逆向技术溢出是企业通过对外直接投资从东道国本地企业获取技术、知识、先进管理经验的溢出。逆向技

---

① 资料来源：http：//www.chinatax.gov.cn/n810341/n810770/。

术溢出主要通过以下机制实现。

1. 逆向技术转移机制

跨国并购是对外直接投资企业获取先进技术和提高竞争力的有效途径之一（Vermeulen 和 Barkema，2001）。从事对外直接投资的企业通过跨国并购直接获得东道国被并购企业的专利技术、品牌、营销渠道、人力资本，或者通过与东道国被并购企业的联合开发获得新的技术和工艺，通过跨国企业内部机制反馈给母公司，降低了跨国企业母公司获得战略性资产的门槛（Chung 和 Alcácer，2002），从而加速先进技术和管理经验逆向转移到母公司，促进母公司技术效率的快速提升。此外，对外直接投资企业通过与东道国本地企业建立合资企业，可以增加直接向东道国本地企业学习先进技术和管理经验的机会，有效地利用东道国本地供应商网络和营销渠道，与东道国政府、供应商、客户、消费者等利益相关者形成有效沟通机制，并从中获取自身所缺乏的资源、先进技术知识、管理经验以及前沿信息等。Yamawaki（1993）研究发现，日本对外直接投资企业与美国本地企业建立合资企业后缩小了其与美国本地企业的技术差距。印度汽车企业通过跨国并购获得了东道国的先进技术，促进了印度汽车企业的快速发展（Pradhan 和 Singh，2009）。

2. 研发成果反馈机制

跨国企业通过对外直接投资在东道国设立的分支机构或子公司能够直接获得东道国市场的政府政策导向、资源禀赋、消费者偏好以及上下游供应企业的标准要求等信息，客观上要求子公司或分支机构根据市场需求研究开发出使其产品本土化的新技术，并将这一技术反馈给母公司和其他子公司，从而直接促进了母公司的技术进步，对其他子公司也产生了技术溢出效应，且为母公司进一步的技术创新提供了更多的知识积累。Dunning（1994）对跨国公司申请专利的现状研究证实，海外子公司研究开发的新技术能够较好地适应东道国的要素禀赋和消费者偏好，增强了母公司的产品竞争优势。

3. 研发费用分摊机制

企业通过对外直接投资建立的海外子公司或分支机构分摊母公司研发费用主要通过三条路径实现：一是海外子公司或分支机构通过获取东道国政府的研发支持经费、合作企业的专项研发经费以及研究机构的专项研发经费，可以缓解母公司研发投入的压力；二是海外子公司或分支机构通过与东道国拥有先进技术企业的频繁接触，逐渐形成一个非正式的知识、技术、信息交流平台，能够有效地克服技术溢出的空间障碍，促进技术特别是隐性技术知识在企业间的溢出效应，不仅能够加速海外子公司研发过程、节约研发费用，而且可以通过累积的"公共知识池"推动母公司的研发过程（Baptista 和 Swann，1998），提高研发效率；三是通过海外子公司或分支机构在东道国从事生产经营活动，扩大市场规模，降低单位产品的研发支出成本，提高生产绩效。Mansfield 等（1982）对美国跨国公司的调查证实，源于海外子公司或分支机构的研发费用分摊，使母公司的研发费用减少了 15%。

4. 人力资本流动机制

先进技术、管理经验的传播，必须通过技术管理人员的交流才能实现，因而人力资本的流动也是逆向技术溢出的重要渠道。由于东道国本地企业拥有先进的技术知识、管理经验、优秀的企业文化等无形资产，企业选择在经济发达的东道国建立子公司或分支机构：一方面通过与合资、合作或被并购本地企业员工的正式或非正式交流获得这些无形资产；另一方面通过参与东道国科研机构、研发中心或建立战略联盟等方式，学习和掌握东道国企业先进技术和管理经验，并反馈给母公司。另外，在海外建立子公司或分支机构，也可以为母公司技术管理人员提供与海外技术管理人员交流的机会，从而及时获得该领域内的前沿知识和技术。

通过上述四个机制，企业通过对外直接投资建立的海外子公司或分支机构可以获得逆向技术溢出效应，并促进母公司技术进步和经济绩效提升。

四、外来者劣势

企业从事对外直接投资通过资源再配置、规模经济和逆向技术溢出给跨国公司的母公司带来技术进步和效率提升，同时，由于投资国与东道国在政治、经济、文化、意识形态等方面存在显著差异，跨国企业对外直接投资普遍面临着外来者劣势。Eden 和 Miller（2004）认为，外来者劣势是隐性的、难以预测的社会性危害，通过不熟悉危害、关系危害和歧视危害三个维度增加了企业海外经营的额外成本，进而影响了跨国企业的经济绩效。

1. 不熟悉危害

跨国企业在海外市场经营时所面临的不熟悉危害对跨国企业经济绩效的影响主要体现在两个方面：一方面，由于跨国企业不了解东道国的政治、经济、文化、商业惯例等，与东道国本地企业相比，跨国企业缺乏对消费者偏好的认知和对市场的感知能力，在经营决策速度和决策精准程度等方面存在劣势；与东道国市场上的原材料供应商、产品经销商以及其他利益相关者进行合作时，跨国企业容易因合作者的机会主义行为而遭受损失。为提高东道国消费者的认可程度和避免合作者的机会主义行为，与东道国本地企业相比，跨国企业需要支付额外的信息费用、契约费用和管理费用。另一方面，由于地理距离、文化距离、制度距离、语言障碍等多种因素的影响，东道国利益相关者对跨国企业及其产品存在有限认知，在产品购买方面通常存在"母国偏好"，为提高其产品在东道国市场的认可程度，跨国企业往往通过广告、展销会、促销活动等多种渠道传递企业及其产品的相关信息，从而增加了跨国企业的信息传递费用。可见，不熟悉危害会导致跨国企业交易费用增加，进而提高企业生产经营成本，降低企业利润率。

2. 关系危害

跨国企业在东道国市场从事生产经营活动，也常常遭受外部和内部两方面的关系危害。从外部关系来看，由于受投资国与东道国地理距离、制度距离、文化距离等多种因素的影响，跨国企业短期内很难与东道国政府、供应商、经销商、银行等利益相关者建立良好的社会关系，从而妨碍跨国企业从东道国利益相关者手中获得土地、设备、政府项目以及原材料、销售渠道等资源，也使跨国企业很难获得东道国本地金融机构的信任，加剧了金融资源获取的难度。从内部关系来看，跨国企业海外子公司或分支机构内部来自母国的员工和东道国员工之间因社会文化、语言、价值观、宗教信仰等方面的差异，在公司发展战略、管理方式、发展模式上往往存在较大分歧，这容易引起公司内部矛盾和内部管理冲突，从而难以在不同国籍、文化背景的员工之间建立和谐、信任的关系，导致人力资本流失，进而影响公司人力资源的优化。Nachum（2010）研究证实，东道国劳动力特别是高层管理者在择业方面更倾向于选择本地企业。可见，关系危害会影响跨国企业物质资源、渠道资源、金融资源、人力资源的获取，进而引致企业经济绩效下降，甚至危及企业的生存和发展。

3. 歧视危害

跨国企业在东道国从事对外直接投资时，不仅面临不熟悉危害和关系危害，常常也会遭遇歧视危害。当东道国各利益相关者缺乏对跨国企业及其产品信息的了解时，对跨国企业及其产品往往根据其来源国形象进行评判。来自发达国家的跨国企业因发达国家在国际上的政治、经济实力及其品牌的知名度通常具备良好的来源国形象，在东道国市场具有竞争优势；而发展中国家在国际市场的来源国形象通常是负面的，随着中国经济的发展和在全球经贸地位的提高，以美国为首的西方发达国家大肆鼓吹"中国威胁论",对来自中国的跨国企业实施了更严格的进入标准和政策限制。Ramachandran 和 Pant（2010）研究指出,来自新兴经济体的跨国企业在发达的东道国市场遭受外来者劣势的主要原因在于对其来源国形象的负面认知和歧视。同时,在经济全球化进程中受经济民族主义的影响,许多东道国政府基于保护民族产业或其他政治原因,对跨国公司在东道国的投资实施歧视政策。无论是基于母国形象的歧视伤害还是源于经济民族主义的歧视伤害,均为跨国企业在东道国市场的投资带来了严格的约束和抵制,这不仅提高了跨国企业海外市场进入的壁垒,同时也增加了跨国企业的海外经营障碍,加剧了跨国企业对外直接投资失败的概率,降低了跨国企业的经济绩效。

此外,组织学习理论认为,跨国企业在从事对外直接投资过程中通过组织学习,学习东道国有关政府、法律、规范、价值观等制度性知识,或者学习与东道国利益相关者有关的市场知识以及与产品相关的技术知识,可以克服外来者劣势或减缓外来者劣势的负面效应,改善跨国企业的经济绩效。但组织学习对跨国企业经济绩效的影响具有一定的时效性。Lyles 和 Schwenk（1992）将组织学习分为经验学习、模仿学习和创新学习。经验学习可以使企业在短期内通过对东道国制度性知识的获得并借助于自身特有的优势,弥补不熟悉伤害对企业经济绩效的负面影响,提升跨国企业的经济绩效。但由于受经验知识边际效用递减、OFDI 技术溢出效应等因素的影响,在长期内无法提升跨国企业的经济绩效。模仿学习和创新学习在获得东道国市场信息、先进技术等技术知识方面能够发挥一定作用,但由于跨国企业正确识别、吸收东道国市场上的优质资源并研发出新技术、新产品需要较长的时间,因而在短期内模仿学习和创新学习在帮助跨国企业克服或减少外来者劣势、提升经济绩效方面很难发挥作用。

综上所述,企业对外直接投资通过资源再配置效应、规模经济效应、逆向技术溢出效应、外来者劣势等影响母公司的经济绩效,具体而言:①在短期内企业对外直接投资会促进母公司全要素生产率和劳动生产率的提高,但随着时间的推移则对生产率产生抑制作用;②企业对外直接投资无论在短期还是在长期均扩大了母公司的就业和销售规模;③企业对外直接投资在短期内降低了母公司的资产收益率和毛利率,但随着时间的推移这种负向影响逐渐减弱并转变为正向影响。

第三节 企业异质性对 OFDI-母公司经济绩效的调节机理分析

企业从事对外直接投资活动，是选择绿地投资还是跨国并购的进入模式，对外直接投资动机是商贸服务、当地生产、资源开发还是技术研发，投资区位是选择发达国家还是发展中国家，投资广度是选择单一国家还是多个国家，这些选择的异质性均会对企业对外直接投资与母公司经济绩效的关系产生影响。

一、进入模式对 OFDI-母公司经济绩效关系的调节机理

企业从事对外直接投资进入东道国市场的方式主要分为绿地投资和跨国并购。对外直接投资的这两种进入模式在初始阶段就存在本质区别，绿地投资是直接在东道国建立新企业，而跨国并购是对东道国原有的本地企业进行兼并或收购，因此这两种方式下影响跨国企业母公司经济绩效的机理存在差异。

1. 绿地投资

绿地投资是跨国企业利用自身独特的专有优势通过在东道国市场建立海外子公司、研发机构、代表处的方式进入海外市场，新建企业通过在东道国市场的生产经营活动和人员雇佣，逐渐建立生产经营网络，嵌入东道国市场，通过学习、模仿、人才流动等渠道吸收东道国的先进技术和管理经验（Cantwell 和 Mudambi，2011）；绿地投资企业为了在东道国高压环境下生存发展，必须充分利用东道国的各种优惠政策，逐渐嵌入到本地研发创新网络中，进行渐进式产品工艺和技术的创新。与跨国并购相比，绿地投资不存在后续资产整合和企业协同等沉淀成本，但绿地投资在投资初期不仅需要大量资本投资建厂，而且存在一定的筹建周期和艰难的市场开拓期，也需要时间对新知识、新技术进行整合与创新，因而在短期内很难提升母公司经济绩效，在长期随着其逐渐融入东道国市场和研发创新网络，通过时间积累产生规模经济（Elango 和 Sambharya，2004），有利于培育竞争优势、提升母公司经济绩效。

2. 跨国并购

跨国并购可以直接获得东道国被并购企业的核心技术、品牌、生产销售渠

道、管理经验等战略资产，迅速进入东道国市场，节省了绿地投资所需要的筹建和市场开拓时间，缩短了投入产出周期，在并购初期就能满足对东道国市场的需求，容易形成规模经济（Jensen，1988）；跨国企业通过跨国并购直接获得被并购企业核心技术提高自身技术水平的同时，充分利用被并购企业的研发人才、研发设施，建立研发创新中心，集聚东道国本地创新资源，提升自身研发创新能力，并通过内部化等方式充分保障母公司的技术优势。此外，跨国并购有利于企业将外部经济行为内部化，通过范围经济、规模经济等延伸企业核心能力，利用成本优势，实现经营和财务上的协同效应。但是跨国并购在并购交易完成后企业将面临文化、人力资源、市场经营、财务等方面整合的成本和风险，也往往面临着东道国相关法规、政策的制约，甚至是东道国舆论的抵制，因而跨国并购对母公司的逆向技术溢出效应的发挥有较大阻碍。

基于上述分析可知，与绿地投资相比，跨国并购对母公司生产率和规模产生较高的促进作用，且随着时间推移这种促进作用呈现下降趋势甚至转变为抑制作用；并购对母公司财务效率产生较高的抑制作用，但这种抑制作用随着时间的推移逐渐弱化甚至转变为促进作用。

二、投资动机对 OFDI-母公司经济绩效关系的调节机理

Dunning（1998）基于 OLI 范式将企业对外投资动机分为资源寻求、效率寻求、市场寻求及战略资产寻求四种动机。根据中华人民共和国商务部的统计，中国企业对外直接投资动机按照企业在海外市场的经营范围划分为商贸服务型 OFDI、当地生产型 OFDI、资源开发型 OFDI 和技术研发型 OFDI 四种类型。由于不同投资动机与东道国资源联系程度的差异以及不同投资动机绩效目标的差异，对母公司经济绩效的影响机理也存在较大差异。

1. 商贸服务型

商贸服务型对外直接投资主要是在东道国市场设立零售、批发、贸易服务等机构，其主要目的是通过在东道国设立分支机构收集东道国市场信息、拓展海外市场（Rohra 和 Chawla，2015）。商贸服务型对外直接投资通过开拓海外市场，拓展了国内产品需求的空间范围，促进了母公司出口量的增加和生产规模的扩大，形成了规模经济效应，降低了生产成本，提高了母公司的经济绩效。另外，商贸服务型对外直接投资由于接近海外市场的消费者、经销商、供应商、竞争对手等，能及时了解国际市场上的消费者偏好、产品标准和未来发展的趋

势，并将这些信息反馈给母公司，促使母公司加大研发投入，改进产品工艺和技术，进而提高母公司经济绩效。

2. 当地生产型

当地生产型对外直接投资就是直接在东道国市场进行生产和销售活动。首先，跨国企业在东道国从事生产经营活动，凭借其独特的专有优势对东道国生产要素进行开发和利用，从而优化现有生产要素投入组合，获得了规模经济和范围经济，同时绕开了东道国设置的关税等贸易壁垒，节约了生产成本，提高了母公司经济绩效。其次，当地生产型对外直接投资拉近了与国际先进技术和产品信息的距离，也拉近了与东道国要素市场的距离（蒋冠宏和蒋殿春，2014），海外子公司不仅能够将海外消费者的需求偏好、产品标准等信息反馈给母公司，也可以将通过示范、劳动力流动和产业联系等渠道从东道国企业获得的先进技术和管理经验分享给母公司，有利于母公司技术进步和经济绩效提升。最后，如果母公司与海外子公司之间实行垂直一体化分工，那么海外子公司生产需要从母公司进口中间产品，这能够推动母公司出口增加，促进母公司绩效提升。然而短期内由于海外生产替代了母公司原本在国内的生产和销售环节，可能导致生产规模的替代，造成规模不经济。

3. 资源开发型

资源开发型对外直接投资的目的是以低廉的价格获取东道国特有的自然资源（Amighini 等，2013；Driffield 和 Chiang，2009），保障母公司相关资源的供给，使母公司具有更大的竞争优势。资源开发型对外直接投资降低了母公司的资源使用成本，而将节约的资本用于母公司研发投入可以推动技术进步。但由于资源开发型对外直接投资主要投向自然资源丰富的发展中国家，逆向技术溢出效应较弱甚至不存在。而且这类对外直接投资通常由国有企业承担，肩负着维护国家资源安全、保障资源供给的政治目标（裴长洪和樊瑛，2010），具有战略性和长远性，为母公司后续和整体发展将带来长期影响，但短期内不利于母公司经济绩效的提高。

4. 技术研发型

技术研发型对外直接投资即通过在东道国市场的直接投资获取互补性的战略资产，以构建企业新的特定优势或提升现有的特定优势。这类投资通常投向全球技术创新前沿的发达国家，主要通过利用发达国家先进技术和研发基础设施开展研发活动，并将研发成果反馈给母公司，以此促进母公司技术进步和绩效提升。但这类投资对母公司经济绩效的影响不仅取决于母公司的学习和吸收能力，还取决于东道国企业的逆向技术溢出程度。

综上所述，以获取市场、效率、资源为目标的对外直接投资，均基于跨国企业从事对外直接投资前业已形成的独特专有优势，可以看作其独特专有优势的海外拓展，具有较强的竞争优势，因而在短期内可能有利于提高母公司经济绩效，而资源开发型对外直接投资因其"非市场动机"，在短期不利于母公司财务绩效的提高；以获取先进技术为目的的对外直接投资对母公司经济绩效的影响则具有不确定性。因此，与其他投资动机相比，当地生产型对外直接投资会对母公司生产率和规模产生较高的促进作用，对母公司财务效率产生较小的抑制作用；随着时间推移，四种投资动机对母公司经济绩效的影响效应均呈现弱化趋势。

三、投资区位对 OFDI-母公司经济绩效关系的调节机理

跨国企业基于自身的投资动机、特有优势以及东道国的投资环境和区位优势等因素选择对外直接投资的区位。关于企业对外直接投资的区位选择，《世界投资公报》将投资目的国分为发达国家、发展中国家和转型国家，本书将发展中国家和转型国家合并为发展中国家①。一般而言，投向发达国家的对外直接投资大多是商贸服务型和技术研发型的，投向发展中国家的直接投资通常是当地生产型、商贸服务型和资源开发型的。投资区位选择的异质性对 OFDI-母公司经济绩效关系产生不同的影响。

1. 发达国家

欧美发达国家是世界技术创新的重要引擎和核心动力，投向发达国家的对外直接投资主要通过建立研发中心，吸纳东道国本地高技术研究人员与利用东道国基础设施进行研发，或者通过并购东道国掌握某种适用技术企业的方式直接获取其现有技术专利，并将研发成果反馈给母公司，从而降低母公司技术获取成本、提高技术创新效率、加快产品更新速度，因而投向发达国家的对外直接投资对母公司经济绩效提升的力度更大。Di Minin 和 Zhang（2010）研究证

---

① 根据《世界投资公报》，发达经济体包括：美国、荷兰、法国、澳大利亚、瑞士、德国、爱尔兰、加拿大、西班牙、以色列、意大利、卢森堡、日本、瑞典、比利时、奥地利、保加利亚、克罗地亚、塞浦路斯、捷克、丹麦、爱沙尼亚、芬兰、希腊、匈牙利、拉脱维亚、立陶宛、马耳他、波兰、葡萄牙、罗马尼亚、斯洛伐克、斯洛文尼亚、英国、冰岛、挪威、百慕大群岛和新西兰。本书将转型经济体和发展中经济体均归为发展中国家。

实，中国在欧洲的对外直接投资通过开发技术中心吸引东道国良好的技术人员。肖慧敏和刘辉煌（2014）对中国跨国企业的研究显示，投资于发达国家的企业获得了较高的生产率改进效应。另外，中国绝大多数跨国并购事件发生在发达国家，可能由于并购交易完成后整合难度、成本和风险因素的影响，投向发达国家的对外直接投资对母公司财务绩效产生了较大的负向影响。

2. 发展中国家

投向发展中国家的对外直接投资主要通过拓展海外营销渠道和占领海外市场，或者利用东道国要素成本优势进行就地生产销售获取利润，或者从东道国获取逆向技术溢出，从而促进了母公司的生产设备、技术及其他配套设备出口，获得了规模经济，并降低了母公司技术获取成本，促进了其技术进步和绩效提高。但由于绝大多数发展中国家的经济发展水平落后，因而投向发展中国家的对外直接投资对母公司经济绩效的影响较小。

基于上述分析可知，与投向发展中国家的对外直接投资相比，投向发达国家的对外直接投资对母公司的生产率和规模产生较大的促进作用，对母公司财务效率产生较强的抑制作用；随着时间推移，无论是投向发达国家的对外直接投资还是投向发展中国家的对外直接投资，其对母公司经济绩效的影响效应均呈现弱化趋势。

四、投资广度对 OFDI-母公司经济绩效关系的调节机理

对外直接投资广度反映了跨国企业对外直接投资所涉及的东道国的种类和数量，能够衡量跨国企业在地理上的投资差异程度。跨国企业对外直接投资的东道国数量越多，越易于吸收不同东道国的先进技术和管理知识。随着跨国企业的国家特性的不断弱化，多国中心化逐渐成为跨国公司发展的必然趋势（Desai，2009），跨国企业对外投资也逐渐倾向于多国市场甚至是全球市场。特别是随着"一带一路"倡议的践行。在政策、基础设施、市场、经贸和民心"五通"方面的建设拓展了中国企业对外投资的新领域、新地区和新方式，提高了中国企业对外直接投资的多国性。

与跨国企业对外投资投向单一国家相比，投资的多国性的优势表现在：第一，企业对外直接投资的多国性战略有助于企业获得不同地区的特定资源和独特的跨国竞争优势（Vachani，1991；Qian 等，2008），在短期内融入国际生产销售网络，从而获得更多的与海外企业交流和学习的机会，从而获得先进技术和管理经验，并与母公司分享，进而提升母公司的竞争力。第二，企业对外直

接投资的多国性战略决定了对外直接投资的速度，增强了企业对东道国市场的反应速度，降低了企业海外运营的成本，提高了企业资本的利用率和回报率。第三，投资的多国性可以缓冲东道国的不确定性、分散风险，在一定程度上克服外来者劣势，提高母公司经济绩效。Phene 和 Almeida（2008）认为，跨国企业投资多国性战略使其研发和创新活动分布在差异化的知识池，通过整合差异化的先进技术、研发资源与管理经验，减少信息不对称，增加吸收创新知识的概率。另外，由于中国企业对外直接投资起步较晚，国际市场占有率低，投资多国性战略有利于在短期内占据更大的国际市场份额，实现规模经济，获取更多的投资报酬。但是，对外直接投资的多国性使企业在海外经营的初期产生过高的额外成本，导致母公司利润率下降；随着企业国际化经验的累积，企业承受的额外成本可能逐渐消失，而多国性带来的过高的企业管理和协调成本也会侵蚀企业的利润率（常玉春，2011）。因而，投资的多国性也可能使企业在短期内面临满足东道国生产的压力，特别是在母公司吸收能力和管理经验有限的情况下可能做出错误的判断决策，产生时间压缩非经济性，增加额外成本，不利于母公司绩效的提升。

　　基于上述分析可知，与投向单个东道国的对外直接投资相比，投向多个东道国的对外直接投资能够对母公司的生产率和规模产生较大的促进作用，而对母公司财务效率则会产生较强的抑制作用；随着时间推移，投向单个东道国和投向多个东道国的对外直接投资对母公司经济绩效的影响效应均呈现弱化趋势。

　　综合第二节企业对外直接投资对母公司经济绩效的影响机理和第三节企业异质性对对外直接投资与母公司经济绩效关系调节机理的分析，提出本书研究的概念模型，如图4-2所示。

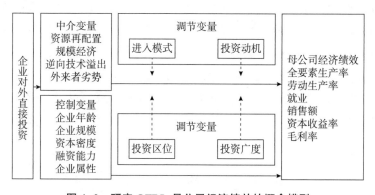

图 4-2　研究 OFDI—母公司经济绩效的概念模型

第四节　本章小结

　　本章从不同的理论视角出发，分析了现存的各种理论对对外直接投资与母公司经济绩效关系的理论解释。虽然现存理论在一定程度上解释了企业对外直接投资对母公司经济绩效的影响，对理解对外直接投资与母公司经济绩效的关系做出了重要的贡献，但由于没有一种理论能够完全解释对外直接投资与母公司经济绩效的关系，对客观理解对外直接投资与母公司经济绩效关系带来偏差。因而本书构建了一个从综合理论视角分析企业对外直接投资与母公司经济绩效关系的视角框架，试图为理解企业对外直接投资与母公司经济绩效关系提供一个新的思路。

　　基于多理论综合视角，本章主要从四个方面分析了企业从事对外直接投资对母公司经济绩效的影响机理。首先，企业对外直接投资通过边际产业转移机制和过剩产能输出机制进行资源再配置来影响母公司经济绩效；其次，企业对外直接投资通过在全球范围建立生产经营一体化，规避贸易壁垒、扩大生产规模，实现规模经济和范围经济，从而影响母公司经济绩效；再次，企业对外直接投资通过逆向技术转移机制、研发成果反馈机制、研发费用分摊机制、人力资本流动机制等产生逆向技术溢出效应，进而影响母公司经济绩效；最后，企业对外直接投资通过不熟悉危害、关系危害和歧视危害等外来者劣势增加企业海外经营的交易成本，从而影响母公司经济绩效。

　　企业异质性的存在会影响对外直接投资，影响母公司经济绩效的方向和程度。本章进一步从企业对外直接投资决策的异质性，即对外直接投资模式、投资动机、投资区位和投资广度四个方面比较分析绿地投资与跨国并购、投向发达国家和投向发展中国家、投向单个东道国和投向多个东道国以及商贸服务型、当地生产型、资源开发型和技术研发型等对企业对外直接投资与母公司经济绩效关系的调节机理。

第五章

实证策略与预先性分析

第一节　数据来源与处理

　　本书分析所用样本期为 2007~2016 年，样本来源于三个数据库：第一个是 Bureau van Dijk Electronic Publishing 提供的 BvD 系列数据库之"Oriana 亚太企业分析库"，该数据库是提供亚太和中东地区 60 多个国家和地区内共计 5000 多万家公司，包括 300 多万家中国大陆企业的财务、经营信息以及各行业发展情况的大型企业分析库，也是全球最具权威性的亚太地区企业贸易投资信息检索库。具体涵盖 23 项资产负债表、25 项损益表、26 个比例、交易叙述、产业代码、股票及股价资料、所有权资料等 100 多个财务指标、经营信息以及行业发展状况。BvD 数据库虽然样本量大、指标丰富，但因部分企业会计制度不健全、会计报表不规范以及企业登记错误等因素，数据中存在缺失值和异常值，在分析前需要对样本数据进行处理。借鉴 Feenstra 等（2014）的做法，本书对样本数据处理的步骤如下：①将缺失关键财务指标（如销售收入、资产总额、就业人数、固定资产、总资产、利润额、资产收益率、毛利率等）的样本剔除；②将就业人数少于或等于 8 人的样本剔除，谢千里等（2008）认为，企业数据库中大多数异常值来源于没有可靠会计系统的个体户；③按照一般公认的会计准则将销售收入、总资产、固定资产净值小于等于零以及固定资产、流动资产大于总资产的样本剔除；④将样本中缺失对外直接投资企业的行业删除；⑤将连续数据少于 4 年的样本剔除，因为本书需要分析企业对外直接投资对母公司经济绩效静态和动态的影响效应。剔除无效样本后，本书分析样本包括 46 个两位码行业、196249 家企业。

本书使用的第二个数据库是中国商务部提供的"境外投资企业（机构）名录"，该数据库包括自 2002 年中国建立对外直接投资统计制度以来所有中国大陆在商务部登记注册的非金融类对外直接投资企业层面数据，内容涵盖境内投资主体名称和所属省份、境外投资企业（机构）名称、投资目的地、境外投资核准日期、境外投资主要经营范围。由于"境外投资企业（机构）名录"缺乏企业财务、经营等方面的相关数据，而 BvD 数据库缺乏企业是否从事 OFDI 方面的信息，所以将两个数据库按照企业名称进行匹配，初步筛选出对外直接投资企业 12396 家。在此基础上，剔除仅投资于开曼群岛、巴哈马群岛、英属维尔京群岛、百慕大群岛等避税天堂的对外直接投资企业，由于这类企业进行对外直接投资的目的主要是避税或逆向回流到国内，没有进行真正意义上的生产经营活动（Luo 和 Tung，2007）；基于本书的研究目的，剔除了 2007 年及其之前年份首次从事对外直接投资的企业，即仅仅保留了 2008～2016 年首次从事 OFDI 的企业，最后筛选出来的对外直接投资企业共计 2083 家。

本书使用的第三个数据库是 BvD 系列数据库之"Zephyr 全球并购交易库"，该数据库目前收录了全球各行业 150 多万笔并购记录，每年新增约 15 万笔。每一笔交易记录都包含了并购企业以及目标企业名称、所属国家、并购时间、交易金额等详细信息。该数据库主要用来获取 OFDI 企业对外直接投资进入模式方面的相关信息。这部分数据收集规则如下：首先，在 Zephyr 数据库中搜寻相关 OFDI 企业，如果没有搜寻到，则默认对外直接投资进入模式指标缺失；其次，对于搜寻到的 OFDI 企业，搜索其首次且交易状态为"已完成"的交易记录，在交易记录中提及"新建""成立"或"建立"子公司的相关字眼，则认为是绿地投资；如果信息中涉及"收购""并购"或"兼并"等字眼，则认为是跨国并购。通过上述信息识别，最终获得 287 家对外直接投资企业。

通过三个数据库的匹配与筛选，最终得到样本存续期间 194453 家企业样本，其中 OFDI 企业 287 家，非 OFDI 企业 194166 家。

第二节　企业全要素生产率测度

一、企业全要素生产率测度方法

全要素生产率是目前经济学、经济地理学界研究的热点问题之一。准确估计全要素生产率是分析经济增长源泉、提供政策支持和发展战略选择的重要依据，也是其他经济问题实证研究的基础。

对全要素生产率的测度一般是从估计生产函数开始的。由于估计生产函数的方法存在差异，全要素生产率的估计方法也存在多种。Del Gatto 等（2011）按照几个维度对全要素生产率的测度方法进行了划分（见表5-1）。

表 5-1　全要素生产率测度方法

	确定性方法	计量方法	
		参数方法	半参数方法
前沿方法	数据包络分析法（微观—宏观）	随机前沿分析法（微观—宏观）	
	无界分析法（微观—宏观）		
非前沿方法	增长核算法（宏观）	增长回归法（宏观）	代理变量法（微观）
	指数法（微观—宏观）		

资料来源：Del Gatto M, Di Liberto A, Petraglia C. Measuring productivity [J]. Journal of Economic Surveys, 2011, 25 (5)：952-1008.

从表5-1可以看出，Del Gatto 等（2011）对全要素生产率测度方法的划分，其中一个重要的维度就是宏观分析方法和微观分析方法。宏观分析方法也称总量分析方法，主要是在国家、区域或产业等宏观层面对全要素生产率进行测度，衡量其经济增长质量和技术进步、管理效率水平的状况，以揭示经济运行的国别差异、区域差异或产业差异。而微观分析方法则主要是对企业层面的全要素生产率进行测度，以便为企业的生产决策提供依据。本书主要测度的是企业水平的全要素生产率，因而不考虑只适用于宏观生产率测度的方法，如增长率核算法和增长率回归法。

目前测度企业全要素生产率的方法可以分为前沿分析方法和非前沿分析方法两类。两者之间的主要区别在于是否需要根据生产函数来构造生产前沿面。前沿分析方法最先由 Farrell（1957）通过构建测度双投入、单产出企业效率模型而完整地提出。该模型最初不是通过数学模型和参数来确定投入产出之间的定量关系，而是以图形来表示。Farrell（1962）将原始的双投入、单产出模型扩展到多投入、多产出模型。此后对前沿分析方法的研究层出不穷，从生产前沿面确定的方法看，主要有两大类：一是确定性方法，包括数据包络分析法（Date Envelopment Analysis，DEA）和无界分析法（Free Disposal Hull，FDH），二是计量方法，即随机前沿分析法（Stochastic Frontier Analysis，SFA）。非前沿分析方法主要包括指数法（Index Numbers）和代理变量法（Proxy-variables）。

1. 数据包络分析法

数据包络分析法是一种最常用的确定性前沿分析方法，是以相对效率概念为基础，对具有多投入、多产出的同类型决策单元进行相对效率比较的有效方法。基于 Farrell（1957）提出的多投入单产出的生产前沿模型，Charnes 等（1978）提出的不变规模报酬的 CCR 模型和 Banker 等（1984）提出可变规模报酬的 BCC 模型是最基本的数据包络分析模型。随后 Charnes 等（1985）、Färe 等（1992）、Färe 和 Grosskopf（1996）、Cook 等（2006）等研究文献对数据包络分析进行了许多改进，以增强其适应性及解释能力。除了 CCR 和 BBC 两个最基本的模型外，数据包络分析模型还包括 FDH 模型。FDH 模型是数据包络分析的一个特例，其生产可能性集合由 DEA 顶点和这些顶点内部的自由排列点组成。由于 FDH 前沿与 DEA 前沿一致或者位于 DEA 前沿内部，因此采用 FDH 法测度的效率值通常高于采用数据包络法测度的效率值。目前数据包络分析法已被越来越多的学者所采用，成为一种与传统计量经济方法并驾齐驱的投入产出效率研究方法。

数据包络分析模型并不能直接测度企业全要素生产率，而是通过与 Malmquist 指数结合来测度，即首先从投入或产出视角利用数据包络分析方法定义距离函数，然后在距离函数的基础上构造 Malmquist 指数来测度全要素生产率。最早的 Malmquist 指数由瑞典科学家 Malmquist（1953）提出，是利用缩放因子之比构造消费数量指数。Caves 等（1982）首次将 Malmquist 思想运用到生产分析中，通过距离函数之比构造生产率指数，即 Malmquist 生产率指数。但由于 Caves（1982）没有提供测度距离函数的方法，因而 Malmquist 生产率指数只是一种理论指数，在很长一段时间内并没有受到学术界的关注。直到 Charnes、Cooper 和 Rhodes（1978）提出数据包络分析法，距离函数的测度问题才得以解决。基于数据包络分析法，Färe 等（1989）将 Malmquist 生产率指数从理论指数变成了实证指数。随着数据包络分析理论的不断完善和改进，基于数据包络分析的 Malmquist 指数也得到了广泛的应用和发展。Färe 等（1994）进一步将 Malmquist 指数分解为技术效率变动、技术进步和规模效率变动，但由于分解过程的逻辑错误，Ray 和 Desli（1997）对 Färe 等（1994）的分解进行了修正，Lovell（2003）从理论上对 Malmquist 指数分解进行了研究，确认了 Ray 和 Desli（1997）分解的正确性。

数据包络分析法由于不需要设定具体的生产函数、允许无效率行为存在、完全忽略了测量的误差、不需要有关投入产出的价格信息等优势，对各种形式的投入产出都具有适用性，在近年的生产率研究中受到了越来越多的关注。众所周知，数据包络分析是通过测度数据点与生产前沿面的距离来判断数据点的有效性，其生产前沿面通过"最高"样本的线性组合获得，没有考虑到样本的随机性，很难克服生产前沿面上异常值的影响，因而稳定性较差。

2. 随机前沿分析法

Farrell（1957）提出的确定性前沿生产模型既没有考虑测量误差，也没有考虑随机扰动项的影响。为了弥补这一缺陷，Aigner 等（1977）以及 Meeusen 和 Broeck（1977）分别在 Farrell（1957）确定性前沿模型的基础上通过引入随机扰动项，几乎同时提出随机前沿分析法。应用随机前沿分析法测度全要素生产率应先假设一个具体的生产函数，根据生产函数中误差项分布假设的差异，采用不同的技术方法估计生产函数中的参数，然后根据 Kumbhakar 等（2000）的方法将全要素生产率分解为技术进步、技术效率、配置效率和规模效率，进而计算出全要素生产率。

与数据包络分析法相比，随机前沿分析法克服了随机因素的影响，很好地处理了测量误差，计算结果较为稳定，不易受异常点的影响。但需要预先给出生产函数的具体形式和一定的分布假设，而假设的生产函数以及误差项的概率分布不一定符合实际情况，难免有一定的主观性，容易造成"生搬硬套"；尤其是对于样本量较少的实证研究，随机前沿分析法测度的结果偏差较大。而且随机前沿分析法不适应于多投入多产出的情况。

3. 指数法

指数法是一种测度企业全要素生产率的典型统计学方法，是用总产出数量指数除以全部投入要素加权指数来度量全要素生产率。经常使用的总量指数主要有 Laspeyres 指数、Paasche 指数和 Fisher 指数，而在测度企业全要素生产率时主要采用 Tornqvist 指数。Tornqvist 指数是在 Laspeyres 指数、Paasche 指数和 Fisher 指数的基础上发展而来的。

在生产率理论发展过程中，具有里程碑作用的是 Jorgenson 和 Griliches（1967），他们在 Solow 模型的基础上，遵循新古典生产理论，引入超越对数生产函数形式。Diewert（1976）证实，如果生产函数具有超越对数形式，则测度企业全要素生产率时所采用的 Tornqvist index 是一个精确的指数，因而是度量企业全要素生产率的合理选择。Coelli（1998）认为，运用指数法测度企业全要素生产率的优势体现在可以处理面板数据，减少投入和产出向量的维数，例如，Paasche 指数和 Laspeyres 指数可以计算企业全要素生产率的变化，在投入产出数量和价格信息完备的条件下 Fisher 指数和 Tornqvist 指数是测度企业全要素生产率最简单的方法。但由于存在边际生产率不变、资本劳动完全替代等严格假定，指数法不能将全要素生产率指数进行再分解，因而在实际中应用较少。Caves 等（1982）首次使用 Malmquist 指数测度企业全要素生产率，并随着数据包络分析法的不断发展和完善，Malmquist 指数不仅从理论指数演变为实证指数，而且成为目前测度企业全要素生产率广泛使用的方法。从本质上来说，指数法仍属于确定性方法，因而和数据包络分析法一样没有考虑随机因素对企业全要素生产率的影响。

4. 代理变量法

代理变量法将全要素生产率看作一个不可观测的变量，在新古典经济理论的基础上，通过假定规模报酬不变，通常选择 Cobb-Douglas（C-D）生产函数形式，采用参数或半参数方法估算全要素生产率。这一方法的优点在于将全要素生产率从残差中分离出来，看成一个独立的状态变量，剔除了测度误差对全要素生产率估算的影响，从而能够更为精确地估算全要素生产率。但是，传统计量方法——普通最小二乘法（OLS）在估计 C-D 生产函数、获得全要素生产率时，存在联立性偏差（Simultaneity Bias）和样本选择性偏差（Selectivity, Attrition Bias）两个主要计量技术问题（Marschak 和 Andrews，1944；鲁晓东和连玉君，2012），使 OLS 的估计结果产生偏误。由于研究者无法观察到而企业可以观察到决定企业生产的某些因素（如生产率），因而在实际生产过程中，企业投入决策是由其利润最大化目标所决定的内生变量，而研究者在研究过程中往往将企业投入决策看作一个外生变量，从而引致生产函数估计中的联立性问题；同时由于生产率冲击和企业退出市场概率之间存在相关性，即在面临低生产率冲击时，资本存量较大的企业由于对未来收益拥有较高预期，退出市场的概率通常远远低于资本存量较低的企业，使生产函数估计模型中的残差项和资本项出现负相关性，产生样本选择偏差，从而造成 OLS 方法低估资本投入项系数而高估劳动投入项系数。针对上述问题，研究者提出了不同的解决方法。为了便于表述，本书利用 C-D 生产函数来梳理估计生产函数的研究文献。估计的 C-D 生产函数为

$$y_{it} = \beta_l l_{it} + \beta_k k_{it} + \mu_{it} \tag{5-1}$$

其中 y_{it}、l_{it} 和 k_{it} 分别为工业增加值、劳动投入和固定资本存量的自然对数形式，μ_{it} 为残差项。

针对样本选择偏差问题，Olley 和 Pakes（1996）通过构造一个包含投资额和资本存量对数值的多项式来获得劳动投入的无偏、一致估计后，使用一个生存概率估计企业进入和退出，从而控制样本选择偏差，获得对资本投入的无偏估计值。

解决联立性问题，通常是将生产函数估计模型（如式（5-1）所示）中的残差项（μ_{it}）分拆成两部分：一部分是研究者无法观察到而企业可以观察到并影响当期要素选择（ω_{it}）；另一部分是包含不可观测的技术冲击和测量误差的真正的残差项（ε_{it}）。即

$$y_{it} = \beta_l l_{it} + \beta_k k_{it} + \omega_{it} + \varepsilon_{it} \tag{5-2}$$

具体解决联立性问题主要有下面几种方法：

（1）工具变量法。采用工具变量法（IV）估计生产函数首先需要选择合适的工具变量。通常要求选取的工具变量与劳动投入、资本投入高度相关，但与 ω_{it} 不相关。许多研究文献选择要素价格作为工具变量，如果以要素价格作为工具变量，其与 ω_{it} 可能存在相关性。一般而言，实际经济活动中生产率高的企业在要素市场上往往拥有一定的市场力量，面临较低的要素价格，因而要素价格不是有效的工具变量。但寻找其他合适的工具变量也比较困难，所以用工具变量法解决联立性问题在理论上可行，但实际操作中的可行性较低。

（2）固定效应估计技术。如果影响企业决策的那部分不可观测的全要素生产率即 ω_{it} 随企业而变化，且跨时期固定不变，那么通过采用固定效应技术在式（5-1）中引入企业个体虚拟变量就可以解决联立性问题，得到对生产函数的一致估计。然而，使用固定效应技术解决联立性问题面临一系列限制（Ackerberg 等，2006），即估计生产函数时，ω_{it} 跨时期固定不变的假定条件在现实中很难达到，且这一估计方法不仅要求样本是面板数据，而且在估计中舍弃了样本中的大量信息，因而很难获得令人信服的结果。

（3）Olley-Pakes 方法（简称 OP 方法）。20 世纪 90 年代开始，由于新的计量技术逐渐发展起来，对生产函数的估计有了突破性的进展。Olley 和 Pakes（1996）基于结构模型提出了半参数估计方法，该方法假定资本是动态投入，会影响企业未来的生产率，而劳动是静态投入，不会影响企业未来的生产率，因而利用可以观察到的企业投资决策（企业当期投资）作为不可观察的生产率冲击的代理变量，克服生产函数估计中的联立性问题。

（4）Levinsohn-Petrin 方法（简称 LP 方法）。使用 OP 方法估计生产函数，关键假定要求作为不可观测的生产率冲击的代理变量"当期投资"是企业生产率的严格递增函数，而现实中并不是每个企业每年都存在正的投资，因此使用 OP 方法估计生产函数会造成大量样本信息的损失。为了避免这个问题，Levinsohn 和 Petrin（2003）提出使用中间投入品（如原材料、能源、电力等）作为不可观测生产率的代理变量，同时还提供了几种检验代理变量合意度的方法，从而扩展了代理变量的选择范围，使研究者可以根据所获数据的特点来选择代理变量。Ackerberg 等（2006）认为，在 LP 方法中，劳动和中间投入都属于非动态投入，两者可能具有相同的决定方式，如果这样，使用 LP 方法估计生产函数在第一阶段的回归中可能会产生多重共线性问题。

（5）广义矩阵法（简称 GMM 方法）。除了 OP 方法和 LP 方法外，还有一些计量方法可以解决生产函数估计中的联立性问题。GMM 方法就是通过加入工具变量来解决模型中的联立性问题，是对固定效应估计技术的扩展。该方法在生产函数的估计中，使用被解释变量的滞后值作为工具变量，被解释变量的滞后值是在前一期确定的，与当期技术冲击无关。但 GMM 方法在估计生产函数时也存在一定的缺陷：一是 ω_{it} 所包含的冲击可能不仅与当期因素有关，也与一些长期因素有关；二是 GMM 方法在估计生产函数时需要对样本进行大量的差分和滞后处理，以寻找合意的工具变量。因而估计样本需要有足够长的时间跨度，这必然限制了该方法的应用（鲁晓东和连玉君，2012）。

综上所述，传统的全要素生产率估计方法（OLS 方法）将产生两个计量技术问题：联立性偏差和样本选择性偏差，从而无法获得无偏、一致的估计结果。Olley 和 Pakes（1996）提出了一种修正的方法（OP 方法），并得到了广泛的应用和支持。但 OP 方法的假定条件之一要求代理变量（投资）与总产出始终保持单调关系，企业投资额为零的样本必须舍弃，从而会损失许多样本量。Levin-sohn 和 Petrin（2003）针对该缺陷发展了一种新的全要素生产率估计方法（LP 方法），引入中间品投入指标代替投资作为代理变量，并设计了几种检验代理变量合意程度的方案，使代理变量的选择更加科学。

二、企业全要素生产率测度模型与步骤

本书研究样本的财务、经营等指标来自"Oriana 亚太企业分析库"，由于该数据库中绝大部分企业缺失中间投入和增加值数据，因而无法使用 OP 方法和 LP 方法估算企业的全要素生产率（Total Factor Productivity，TFP）。本书参照蒋冠宏（2017）、丁一兵和刘紫薇（2019）的做法，采用固定效应面板模型估计企业全要素生产率。与使用 OLS 估计索罗余值的方法相比，这一方法能够在很大程度上控制组内差异，获得较为一致且稳健的资本和劳动的估计系数。具体估计步骤分两步：

第一步采用带有固定效应的面板数据估计式（5-3），即

$$\ln opre_{it} = \alpha_i + \gamma_1 \ln empl_{it} + \gamma_2 \ln toas_{it} + \lambda_t + \varepsilon_{it} \tag{5-3}$$

其中，$opre_{it}$ 为企业 i 的工业总产值，以企业的总销售收入表示，并以 2007 年为基期采用两位码行业产品出厂价格指数进行平减；$empl_{it}$ 为企业 i 的劳动投入，用企业年末从业人数表示；$toas_{it}$ 为企业 i 的资本投入，以企业年末总资产表示，并以 2007 年为基期采用两位码行业固定资产投资价格指数进行平减；α_i、λ_t 分别为个体和时间固定效应，ε_{it} 为误差项。通过式（5-3）可以估计出劳动投入和资本投入的系数。

第二步通过计算索罗余值就可得到企业的全要素生产率（TFP），即

$$\ln TFP_{it} = \ln opre_{it} - \hat{\gamma}_1 \ln empl_{it} - \hat{\gamma}_2 \ln toas_{it} \tag{5-4}$$

第三节　预先分析

现有研究文献表明，从事对外直接投资的企业存在生产率的"自我选择效应"。为检验样本企业间异质性的存在，本书采用简单的普通最小二乘法（OLS）回归检验企业特征、经济绩效指标与对外直接投资之间的关系。计量模型设定为

$$perf_{it} = \beta_0 + \beta_1 ofdi_{it} + \gamma_s + \delta_j + \lambda_t + \varepsilon_{it} \tag{5-5}$$

其中，$perf_{it}$ 为企业 i 第 t 年的经济绩效，本书使用生产绩效和经营绩效指标进行衡量，具体包括全要素生产率（LnTFP）、劳动生产率（LP）、企业规模（EMPL）、销售额（SALES）等生产绩效指标以及资产收益率（ROA）、毛利率（GRMA）等财务绩效指标。$ofdi_{it}$ 为企业是否从事对外直接投资的虚拟变量，如果企业在样本期间首次从事对外直接投资，则存在对外直接投资的年份及其以后年份 $ofdi_{it} = 1$，否则 $ofdi_{it} = 0$；γ_s、δ_j 和 λ_t 分别为省份、行业和时间效应，ε_{it} 为误差项。相关变量的界定如表5-2所示。

表5-2　变量界定

变量	符号	具体界定
全要素生产率	lnTFP	采用带有固定效应的面板数据模型估计所得
劳动生产率	LP	以平减后的销售额与从业人数比率的对数来衡量
企业规模	EMPL	以企业年末从业人数的对数表示
销售额	SALES	以平减后销售收入的对数表示
资产收益率	ROA	等于净利润与平均总资产的比率
毛利率	GRMA	等于毛利润与营业收入的比率
企业年龄	AGE	用观察值当期年份与企业成立年份之差加1再取对数表示
资本密度	KL	即人均资产，用企业总资产与从业人数比率的对数表示
总资产	TOAS	用流动资产与固定资产之和的对数表示

在回归分析之前，先对原始企业样本进行初步的描述性统计分析。描述性统计分析结果见表5-3。表5-3显示，OFDI企业的全要素生产率（lnTFP）、劳

动生产率（LP）、毛利率（GRMA）、企业规模（EMPL）、销售额（SALES）、企业年龄（AGE）、资本密度（KL）和总资产（TOAS）均高于非 OFDI 企业，仅仅在资产收益率（ROA）上略低于非 OFDI 企业，这说明 OFDI 企业和非 OF-DI 企业在经济绩效指标和企业特征方面存在显著差异，在后面的匹配过程中应考虑将上述变量作为匹配的特征变量。

表 5-3　初步描述性统计分析

变量	OFDI 企业样本			非 OFDI 企业样本		
	观测值	均值	标准差	观测值	均值	标准差
lnTFP	2506	4.7186	0.9839	1091630	4.2726	0.8465
LP	2506	6.6510	1.1434	1091630	6.0954	1.1225
ROA	2506	0.0616	0.0786	1091630	0.1004	0.1741
GRMA	2506	0.3311	0.2011	1091630	0.1522	0.1266
SALES	2506	14.6652	2.0961	1091630	10.9297	1.4001
EMPL	2506	8.0143	1.7364	1091630	4.8343	1.1377
AGE	2506	2.5718	0.4605	1091630	2.1964	0.5670
KL	2506	7.2501	1.1466	1091630	5.6718	1.1734
TOAS	2506	15.2644	2.0392	1091630	10.5061	1.5536

资料来源：根据"Oriana 亚太企业分析库"整理而得。

采用 OLS 对式（5-5）进行估计，估计结果见表 5-4。表 5-4 显示，在控制了省份效应、行业效应和时间效应后，对外直接投资对母公司全要素生产率、劳动生产率、毛利率、销售额、规模产生了显著的正向影响，而对母公司资产收益率产生显著的负向影响。但对外直接投资与母公司经济绩效之间的上述关系仅仅是一种偏相关关系。Helpman 等（2004）研究发现，美国对外直接投资企业的生产率高出出口企业 15%，出口企业的生产率又高出国内销售企业 40%，即企业对外直接投资存在生产率"自我选择效应"。随后大量文献（Girma 等，2005；Arnold 和 Hussinger，2010；Engel 和 Procher，2012；田巍和余淼杰，2012）也证实，从事对外直接投资的企业存在生产率的"自我选择效应"。如果不对这种"自我选择效应"进行控制，可能会高估对外直接投资对母公司生产率的影响效应。

表 5-4 对外直接投资对企业经济绩效的影响

	lnTFP	LP	ROA	GRMA	SALES	EMPL
ofdi	0. 4715 ***	0. 3029 ***	− 0. 0151 ***	0. 1078 ***	3. 3337 ***	3. 0308 ***
	(0. 0243)	(0. 0309)	(0. 0052)	(0. 0037)	(0. 0387)	(0. 0332)
Constant	4. 0202 ***	5. 3058 ***	0. 1549 ***	0. 2847 ***	10. 8403 ***	5. 5345 ***
	(0. 0068)	(0. 0086)	(0. 0014)	(0. 0010)	(0. 0108)	(0. 0092)
省份效应	是	是	是	是	是	是
行业效应	是	是	是	是	是	—
时间效应	是	是	是	是	是	是
样本数量	1094136	1094136	1094136	1094136	1094136	1094136
R-squard	0. 1126	0. 1887	0. 0420	0. 0875	0. 1949	0. 1129

注：括号中报告的是稳健的标准误。***、**和*分别表示在1%、5%和10%的水平下显著。

第四节 计量模型构建

为了控制企业对外直接投资的"自我选择效应"的影响，客观评估对外直接投资对母公司经济绩效的影响，最理想的方法是通过比较同一企业在"从事OFDI"与"未从事OFDI"时经济绩效之间的差异，来揭示对外直接投资对母公司经济绩效的影响效应。然而在现实经济活动中，"未从事OFDI"是一种"反事实"，因而无法观察到企业"未从事OFDI"时的经济绩效，如何解决这一问题？

Heckman 等（1997）提出的使用非参数回归的倾向评分匹配（Propensity Score Matching，PSM）方法是目前解决上述问题较为有效的方法。PSM 的基本思想是，首先构建一个与从事 OFDI 企业（即实验组）在从事 OFDI 之前的主要特征最大程度相似的且从未从事过 OFDI 活动的企业组（即控制组），将实验组中的企业与控制组中的企业进行匹配，使匹配后实验组和控制组的配对企业之间仅仅在是否从事 OFDI 方面存在差异，而在其他方面相同或非常相似；其次使用匹配后的控制组最大限度地近似替代实验组的"反事实"；最后比较在实验组企业从事 OFDI 后两组企业之间经济绩效的差异，进而推断对外直接投资与母公司经济绩效之间的因果关系。与常规的估计方法相比，PSM 方法可以在一定程度上克服选择性问题，但由于 PSM 方法只控制了可观测协变量的影响，而未考虑不可观测变量的影响，因而依然可能存在"隐性偏差"。基于此，Heckman 等（1998）提出倾向评分匹配与双重差分（Difference in Difference，DID）相结合的方法即双重差分倾向评分匹配（PSM-DID）方法，进一步控制那些不随时间推移而变动的不可观测变量的影响。本书在评估对外直接投资对母公司经济绩效的影响效应和调节效应时，采用 PSM-DID 方法。

本书根据倾向评分匹配方法，首先将样本企业分为两组：一组是在 2007～2016 年的某一年（不包括 2007）首次从事 OFDI 的企业，称为实验组；另一组是无论在样本期间还是非样本期间均未从事过 OFDI 的企业，称为控制组。构造二元虚拟变量 $ofdi_i = \{0, 1\}$，表示企业 i 是否从事过对外直接投资，如果企业 i 从事过对外直接投资、属于实验组，则 $ofdi_i = 1$，否则 $ofdi_i = 0$；同时构造另一个二元虚拟变量 $\mathrm{time}_{it} = \{0, 1\}$，表示企业从事对外直接投资的前后时期，企业首次对外直接投资之前 $\mathrm{time}_{it} = 0$，企业首次对外直接投资之后 $\mathrm{time}_{it} = 1$。再令 $perf_{it}^1$、$perf_{it}^0$ 分别表示企业 i 在 t 年从事 OFDI 和未从事 OFDI 的经济绩效，这样就可以将对外直接投资对企业经济绩效的影响效应即实验组企业的平均处理效应（Average Treatment Effect on the Treated，ATT）表示为

$$ATT \equiv E(perf_{it}^1 - perf_{it}^0 \mid ofdi_i = 1)$$
$$= E(perf_{it}^1 \mid ofdi_i = 1) - E(perf_{it}^0 \mid ofdi_i = 1) \quad (5\text{-}6)$$

其中，$E(perf_{it}^0 \mid ofdi_i = 1)$ 表示从事 OFDI 的企业 i 在 t 年未从事 OFDI 情况下的经济绩效，这是一种"反事实"，是无法观测到的，但我们可以观测到未从事 OFDI 企业在 t 年的经济绩效 $E(perf_{it}^0 \mid ofdi_i = 0)$。则式（5-6）可以改写成

$$ATT = E(perf_{it}^1 \mid ofdi_i = 1) - E(perf_{it}^0 \mid ofdi_i = 0) +$$
$$\{E(perf_{it}^0 \mid ofdi_i = 0) - E(perf_{it}^0 \mid ofdi_i = 1)\} \quad (5\text{-}7)$$

若式（5-7）右端最后一项为 0，即 $E(perf_{it}^0 \mid ofdi_i = 1) = E(perf_{it}^0 \mid ofdi_i = 0)$，则我们可以通过 $E(perf_{it}^0 \mid ofdi_i = 0)$ 替代 $E(perf_{it}^0 \mid ofdi_i = 1)$ 获得 ATT 的一致估计。然而即使没有"对外直接投资"行为的影响，OFDI 企业（实验组）和非 OFDI 企业（控制组）在从事 OFDI 之前的差异也会导致两组企业发展趋势的差异，因而若用 $E(perf_{it}^0 \mid ofdi_i = 0)$ 直接替代 $E(perf_{it}^0 \mid ofdi_i = 1)$ 必然会造成估计偏误。为获得 ATT 的一致估计，本书以倾向评分为基础，采用核匹配方法通过逐年匹配，为每个 OFDI 企业（实验组）找到与其在从事 OFDI 之前特征最大程度相近的非 OFDI 企业（控制组），从而确保 OFDI 企业与非 OFDI 企业拥有相同的变动

趋势。根据现有理论与经验文献（Debaere 等，2010；Chari 等，2012；Chen 和 Tang，2014；Cozza 等，2015），本书选择的匹配向量 X_{ht} 主要包括企业年龄（AGE）、资本密度（KL）、企业规模（EMPL）、毛利率（GRMA）。另外还包括几个虚拟变量，即企业融资能力（Public），用企业是否上市来衡量，作为企业融资能力的代理变量，如果企业是上市公司则 $Public=1$，否则 $Public=0$；企业是否为国有企业（SOE），如果企业是国有企业则 $SOE=1$，否则 $SOE=0$，用以控制不同所有制企业特征和针对不同所有制企业的激励政策；行业特征（Industry）用二维码行业类别来表示，控制行业特定的绩效，并考虑针对特定行业的激励和政策；省份特征（Region）控制不同省份可能影响企业对外直接投资决策的地方政策的异质性；其余变量的界定与前面相同。本书先采用 Probit 模型估计倾向评分

$$P_{ht} = Probit(ofdi_{ht}=1 \mid X_{h,\ t-1}),\ h=i,\ j \tag{5-8}$$

对式（5-8）进行估计可以得到企业从事 OFDI 的概率预测值，即倾向评分。其中 P_{it} 表示从事 OFDI 的企业 i 在 t 的倾向评分，P_{jt} 表示未从事 OFDI 的企业 j 在 t 年的倾向评分。根据核匹配（kernel matching）方法，使用核函数为适用于配对的 $(i,\ j)$ 确定权重（$w(i,\ j)$），然后将实验组企业和控制组企业进行匹配。

经过上述核匹配，根据匹配后的样本计算实验组与控制组之间的经济绩效差异，评估对外直接投资对企业经济绩效的影响效应，即

$$\propto_{ATT} = \frac{1}{n} \sum_{i \in I_1} \left[perf_{it}^1 - \sum_{j \in I_0} w(i,\ j) perf_{jt}^0 \right] \tag{5-9}$$

其中，$\propto_{ATT}$ 为 ATT 的估计值，n 为共同取值范围（Common Suport）内匹配成功的实验组企业数量，I_1、I_0 分别表示实验组企业和控制组企业的集合。由于协变量 X_{ht} 只是控制了影响企业对外直接投资决策和经济绩效的可观测变量，而无法控制不可观测变量，因而式（5-9）的估计依然会存在估计偏差。为了排除实验组与控制组之间随时间不变和不可观测的差异，本书遵循 Heckman 等（1997，1998）的做法，采用双重差分倾向评分匹配（PSM-DID）方法估计实验组的平均处理效应，即

$$\propto_{DID} = \frac{1}{n} \sum_{i \in I_1 \cap S_p} \left[(perf_{i,\ t+s}^1 - perf_{i,\ t-1}^1) - \sum_{j \in I_0 \cap S_p} w(i,\ j)(perf_{j,\ t+s}^0 - perf_{j,\ t-1}^0) \right]$$

$$\tag{5-10}$$

式（5-10）中，$\propto_{DID}$ 表示采用 PSM-DID 方法估计的 ATT。其中，S_p 为共

同取值范围的集合；为考察 OFDI 对企业经济绩效的动态影响效应，本书进一步估计了企业从事 OFDI 之后 1~5 期经济绩效的变化，即式（5-10）中 $s=1$, 2, $\cdots$, 5。$perf^1_{i,t+s}-perf^1_{i,t-1}$ 表示 OFDI 企业（实验组）从事 OFDI 之后第 s 期的经济绩效与从事 OFDI 之前经济绩效的差异，$perf^0_{j,t+s}-perf^0_{j,t-1}$ 则表示非 OFDI 企业（控制组）在第 $s+t$ 期（这里时期划分是与之匹配的 OFDI 企业一致）的经济绩效与 t 期经济绩效的差异。

由式（5-10）可以进一步得到一个等价的、可用于实证检验的双重差分估计模型

$$perf_{it} = \beta_0 + \beta_1 ofdi_i \times time_{it} + \beta_2 ofdi_i + \beta_3 time_{it} + \varepsilon_{it} \qquad (5-11)$$

通过式（5-11）可以看出，对于控制组企业（非 OFDI 企业），从事 OFDI 年份前后的经济绩效分别是 β_0 和 $\beta_0+\beta_3$，因此，控制组企业在 OFDI 企业从事 OFDI 年份前后的经济绩效差异为 $\Delta perf^0_t = perf^0_{j,t+s} - perf^0_{j,t-1} = \beta_3$，这一差异可以视为排除了 OFDI 影响时企业经济绩效存在的时间趋势差异。对于实验组企业（OFDI 企业），从事 OFDI 前后的经济绩效分别为 $\beta_0+\beta_2$ 和 $\beta_0+\beta_1+\beta_2+\beta_3$，OFDI 企业从事 OFDI 前后经济绩效变化为 $\Delta perf^1_t = perf^1_{i,t+s} - perf^1_{i,t-1} = \beta_1+\beta_3$，这一差异不仅包含了 OFDI 的影响 β_1，也包含了上述时间趋势差异 β_3。双重差分模型中参数的意义如表 5-5 所示。因此，对外直接投资对企业经济绩效的净影响效应为 $\Delta\Delta perf = \beta_1$。式（5-10）可以进一步表示为

$$\propto_{DID} = \frac{1}{n} \sum_{i \in I_1 \cap S_p} \left[(perf^1_{i,\,t+s} - perf^1_{i,\,t-1}) - \sum_{j \in I_0 \cap S_p} w(i,j)(perf^0_{j,\,t+s} - perf^0_{j,\,t-1}) \right]$$
$$= (\beta_1 + \beta_3) - \beta_3 = \beta_1 \qquad (5-12)$$

这意味着式（5-11）中的交互项（$ofdi_i \times time_{it}$）的估计系数 $\hat{\beta}_1$ 解释了 OFDI 对母公司经济绩效的影响效应。如果 $\hat{\beta}_1>0$，则说明在企业从事 OFDI 之后，OFDI 企业经济绩效增长幅度高于非 OFDI 企业，表明 OFDI 对母公司经济绩效产生正向的影响效应。

表 5-5　双重差分模型中参数意义

	企业从事 OFDI 前（$time_{it}=0$）	企业从事 OFDI 后（$time_{it}=1$）	Difference
OFDI 企业（$ofdi_i=1$）	$\beta_0+\beta_2$	$\beta_0+\beta_1+\beta_2+\beta_3$	$\Delta perf^1_t = \beta_1+\beta_3$
非 OFDI 企业（$ofdi_i=0$）	β_0	$\beta_0+\beta_3$	$\Delta perf^0_t = \beta_3$
DID			$\Delta\Delta perf = \beta_1$

由于式（5-12）的双重差分估计模型尚未控制其他影响企业经济绩效的因素，可能存在遗漏变量会影响估计结果。为了估计结果更为稳健，本书在式（5-12）的基础上进一步引入一组随时间变化的可观测的影响企业经济绩效的控制变量 Z_{it}，根据 Cozza 等（2015）、严兵等（2016）等的研究，Z_{it} 主要包括企业年龄（AGE）、企业规模（EMPL）、资本密度（KL）、企业融资能力（Public）、是否国有企业（SOE）。式（5-12）进一步改写成

$$perf_{it} = \beta_0 + \beta_1 ofdi_i \times time_{it} + \beta_2 ofdi_i + \beta_3 time_{it} + \delta Z_{it} + \gamma_s + \delta_j + \lambda_t + \varepsilon_{it}$$

$$(5-13)$$

其中，γ_s、δ_j 和 λ_t 分别为省份、行业和时间效应；ε_{it} 为随机误差项，代表随时间推移和企业变化且影响企业经济绩效的非观测扰动因素。

第五节 倾向评分匹配与相关检验

根据倾向评分匹配方法，本书利用决定企业是否从事 OFDI 的一组变量估计 Probit 模型，获得企业从事 OFDI 的条件概率，即倾向评分；然后基于倾向评分、采用核函数计算权重，将实验组企业和控制组企业进行匹配。基于此，本书以 2007~2016 年中国企业的微观数据为研究对象，对 OFDI 企业和非 OFDI 企业进行匹配，其中 Probit 模型的估计结果如表 5-6 所示。

表 5-6 Probit 模型的估计结果

变量	(1)	(2)	(3)
AGE	-0.2545 ***	-0.2394 ***	-0.2438 ***
	(0.0273)	(0.0275)	(0.0275)
EMPL	0.4069 ***	0.4024 ***	0.2109 ***
	(0.0089)	(0.0089)	(0.0150)
KL	0.2168 ***	0.2308 ***	
	(0.0118)	(0.0119)	
GRMA	0.6527 ***		0.3165 ***
	(0.0725)		(0.0866)

续表

变量	(1)	(2)	(3)
Public	1.7723*** (0.0352)	1.8949*** (0.0337)	1.8225*** (0.0363)
SOE	0.1616 (0.1384)	0.2471** (0.1130)	0.1236 (0.1226)
ROA		1.0301*** (0.1060)	1.1416*** (0.1283)
SALES			−0.0914*** (0.0192)
TOAS			0.2934*** (0.0184)
Constant	−7.4099*** (0.0177)	−7.4664*** (0.1403)	−7.4238*** (0.1467)
省份效应	是	是	是
行业效应	是	是	是
时间效应	是	是	是
观察值数量	885681	885681	885681
Pseudo R^2	0.6048	0.6047	0.6069

注：括号中报告的是标准误差。*** 、** 和 * 分别表示在1%、5%和10%的水平下显著。

表5-6显示，企业规模越大，资本密度、资本收益率、毛利率等越高，企业越有可能从事对外直接投资。与Edamura等（2014）、Cozza等（2015）研究结果一致，企业年龄对企业对外直接投资可能性具有负向影响，这可能与中国跨国企业倾向于采取早期国际化战略、从而跳过传统的国际化发展阶段有关。

PSM的可靠性依赖于"条件独立性"这一条件能否被满足，即要求匹配后实验组企业和控制组企业在从事OFDI前可观测主要特征变量上不存在显著差异。若两组企业之间在主要特征变量存在显著差异，则意味着可观测变量的选取或匹配方法的选择不恰当，倾向评分匹配估计并非可靠估计。为了保证PSM方法的匹配质量和有效性，匹配时仅仅对共同取值范围内的企业进行匹配。图5-1和图5-2为实验组和控制组匹配前后的核密度。图5-1显示，匹配前实验组企业和控制组企业倾向评分的概率分布差异较大，这意味着在实证分析时不能忽视实验组企业和控制组企业初始条件的差异，避免出现样本选择偏差问题。

但根据倾向评分将实验组企业与控制组企业匹配后，两组企业倾向评分的分布，即两组企业的特征已十分接近（见图5-2），匹配效果良好。

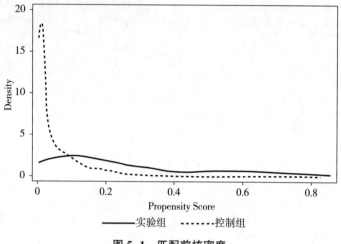

图 5-1　匹配前核密度

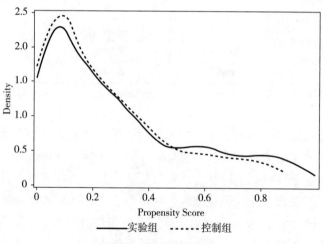

图 5-2　匹配后核密度

本书借鉴 Girma 和 Görg（2007）的做法，通过计算实验组企业与控制组企业主要匹配变量标准偏差对匹配结果进行匹配平衡性检验，检验结果如表5-7、表5-8所示。通过标准偏差判断匹配效果的好坏目前尚无统一标准。Rosenbaum 和 Rubin（1985）认为，当匹配变量的标准偏差绝对值不大于20%时，匹配结果可以判断为有效。此外，也可以通过 t 检验评价匹配结果，如果匹配后匹配

变量间的差异变得不显著，则可以判断匹配结果是有效的。限于篇幅，表 5-7
仅仅列示了样本期间内企业从事对外直接投资首年和末年主要变量匹配平衡性
检验结果。与匹配前比较，匹配后实验组企业和控制组企业在毛利率
（GRMA）、企业年龄（AGE）、企业规模（EMPL）、资本密度（KL）、是否国
有企业（SOE）等方面的差异大幅度下降，各匹配变量标准偏差的绝对值均显
著低于 20%。从 t 检验结果可以看出，匹配后实验组企业与控制组企业在可观
测变量上不存在显著差异。参照 Sianesi（2004）的做法，我们进一步比较了样
本匹配前和匹配后的准 R^2，发现匹配后样本准 R^2 值显著降低。同样 2009 ～
2015 年各年匹配结果的平衡性检验结果也满足上述条件。由此可以判断，本书
选取的可观测变量合适且方法恰当，实验组和控制组企业的样本是平衡的，核
匹配估计可靠、有效。

表 5-7　2008 年匹配平衡性检验

可观测变量		均值		标准偏差（%）	标准偏差减少幅度（%）	t 统计量	p>t
		实验组	控制组				
GRMA	匹配前 匹配后	0.3103 0.3342	0.1573 0.3348	97.2 -0.4	99.7	17.07 -0.02	0.000 0.983
AGE	匹配前 匹配后	2.1525 2.1759	1.8869 2.2022	42.7 -4.2	90.1	5.62 -0.48	0.000 0.635
EMPL	匹配前 匹配后	7.6849 7.6258	4.3423 7.8205	203.8 19.5	90.4	38.73 1.50	0.000 0.134
KL	匹配前 匹配后	6.6943 6.6934	5.2335 6.5609	134.5 12.2	90.9	19.49 1.06	0.000 0.288
Region	匹配前 匹配后	15.853 15.844	16.882 16.237	-10.1 -3.9	61.8	-1.48 -0.83	0.140 0.700
SOE	匹配前 匹配后	0.0000 0.0000	0.0174 0.0066	-18.8 -7.1	62.2	-1.87 -1.12	0.062 0.262

样本	Pseudo R^2	LR chi2	p>chi2	Mean bias	Median bias
匹配前	0.424	1262.71	0.000	84.5	69.9
匹配后	0.007	3.72	0.590	7.9	5.7

表5-8　2016年匹配平衡性检验

可观测变量		均值		标准偏差（%）	标准偏差减少幅度（%）	t统计量	p>t
		实验组	控制组				
GRMA	匹配前	0.3309	0.1456	117.2	87.3	22.49	0.000
	匹配后	0.3304	0.3068	14.9		1.26	0.207
AGE	匹配前	2.3982	2.1104	59.6	75.8	7.97	0.000
	匹配后	2.4130	2.3433	14.4		1.58	0.114
EMPL	匹配前	7.7975	4.7210	213.7	92.7	43.25	0.000
	匹配后	7.7564	7.5328	15.5		1.25	0.211
KL	匹配前	6.9290	5.4650	138.4	89.1	20.78	0.000
	匹配后	6.9223	6.7632	15.0		1.42	0.157
Region	匹配前	15.269	16.410	−11.4	82.7	−1.78	0.075
	匹配后	15.283	15.481	−2.0		−0.21	0.836
SOE	匹配前	0.0045	0.0157	−11.2	88.8	−1.35	0.178
	匹配后	0.0046	0.0058	−1.3		−0.18	0.855

样本	Pseudo R^2	LR chi2	p>chi2	Mean bias	Median bias
匹配前	0.448	1538.22	0.000	91.9	88.4
匹配后	0.010	5.87	0.438	10.5	14.7

注：限于篇幅，仅仅报告了样本期内从事对外直接投资的首年和末年平衡性检验结果。

基于倾向评分、采用核函数计算权重，本书将OFDI企业和非OFDI企业进行匹配，获得匹配企业194417家、885609个观测值，其中OFDI企业282家、2128个观测值，非OFDI企业194135家、883481个观测值。

第六节　本章小结

本章在对样本数据来源进行说明和处理的基础上，首先，介绍了企业全要素生产率估计方法，并基于此采用带有固定效应的面板数据估算了企业的全要素生产率。其次，采用最小二乘法估计对外直接投资对母公司经济绩效的影响，估计结果显示，在控制了省份效应、行业效应和时间效应后，对外直接投资对母公司全要素生产率、劳动生产率、毛利率、销售、企业规模产生了显著的正向影响，而对母公司资产收益率产生了显著的负向影响。然而，根据现有研究文献，对外直接投资与母公司经济绩效之间的上述关系仅仅是一种偏相关关系，可能存在对外直接投资企业的"自我选择效应"。为控制企业对外直接投资的"自我选择效应"的影响，本章构建了"准自然实验"PSM-DID 模型。最后，利用决定企业是否从事对外直接投资的一组变量估计 Probit 模型，获得企业从事对外直接投资的条件概率，即倾向评分；并基于倾向评分采用核函数计算权重，将实验组企业和控制组企业进行匹配，为实验组的每个企业找到与其在从事对外直接投资之前特征最大程度相近的控制组企业，从而确保实验组企业与控制组企业拥有相同的变动趋势。进一步倾向评分核密度和匹配平衡性检验表明，匹配后实验组企业与控制组企业在可观测变量上不存在显著差异，匹配结果良好。

第六章

企业对外直接投资影响母公司
经济绩效的效应检验

通过第五章的核匹配，本书获得了实验组和控制组企业特征高度相近的匹配样本。本章使用匹配样本、采用 DID 估计方法检验对外直接投资对母公司经济绩效的静态影响效应和动态影响效应，并进行稳健性分析，确保计量结果的可靠性。

第一节　模型筛选与相关检验

为了估计对外直接投资对母公司经济绩效的影响，本书在第五章中设定了计量模型公式 (5-13)。计量模型的设定与选择是保证计量结果可靠性的基础，因而在处理面板数据时，究竟使用混合效应、随机效应还是固定效应模型，这是计量分析的基本问题，计量分析之前需做出判断。为了确保检验结果的可信度，本章分三步进行检验：第一步采用 F 检验判断构建模型适用混合效应模型还是固定效应模型；第二步，采用 LM 检验对混合效应模型和随机效应模型进行判断；第三步，采用 Hausman 检验对固定效应模型和随机效应模型做出选择。检验结果如表 6-1 所示。

表 6-1　模型的混合效应、随机效应和固定效应检验

	混合效应 固定效应	混合效应 随机效应	固定效应 随机效应	结论
F 检验	F = 28.50 p = 0.0000			固定效应

续表

	混合效应 固定效应	混合效应 随机效应	固定效应 随机效应	结论
LM 检验		Chi2 = 3. 5e+06 p = 0. 0000		随机效应
Hausman 检验			Chi2 = 480. 93 p = 0. 0000	固定效应

表 6-1 显示，模型在 F 检验的 p 值为 0. 0000，强烈拒绝"所有个体虚拟变量都为 0"的原假设，即认为存在个体效应，不应使用混合回归。在 LM 检验中 p 值为 0. 0000，强烈拒绝"不存在个体随机效应"的原假设，因而在随机效应与混合效应之间，应该选择随机效应模型。在 Hausman 检验中 p 值为 0. 0000，表明使用效应模型更为合理。进一步检验强烈拒绝"无时间效应"的原假设，在固定效应模型中应包括时间效应。因此，本书选择双向固定效应（two-way Fixed Effects，two-way FE）模型估计对外直接投资对母公司经济绩效的影响效应。

采用双向固定效应方法估计面板双重差分模型时，通过一阶差分法将消除变量的时间变化因素，由于处理变量 $ofdi_i$ 具有时间不变性，在估计时 $ofdi_i$ 会被自动删除，在双向固定效应模型中被更能精确反映个体特征的企业固定效应所替代；同样企业融资能力（Public）、省份特征（Region）、行业特征（Industry）、是否国有企业（SOE）等具有时间不变性的虚拟变量也会被删除，这些虚拟变量的影响也反映在个体效应中。反映企业从事 OFDI 时间的虚拟变量 $time_{it}$ 被更能精确反映时间特征的时间固定效应所替代。因此式（5-13）标准的 DID 模型可以改写成

$$perf_{it} = \beta_0 + \beta_1 ofdi_i \times time_{it} + \delta Z_{it} + c_i + \lambda_t + \varepsilon_{it} \tag{6-1}$$

其中，$perf_{it}$ 为企业 i 第 t 年的经济绩效，$ofdi_i$ 为企业是否从事对外直接投资的虚拟变量，如果企业在样本期间首次从事对外直接投资则 $ofdi_i = 1$，否则 $ofdi_i = 0$；$time_{it}$ 为企业从事对外直接投资时间的虚拟变量，企业首次从事对外直接投资之前 $time_{it} = 0$，企业首次从事对外直接投资之后 $time_{it} = 1$；Z_{it} 主要包括企业年龄（AGE）、企业规模（EMPL）和资本密度（KL）；c_i 和 λ_t 分别表示企业固定效应和时间固定效应，消除影响企业经济绩效的不可观测因素

和时间效应。

企业对外直接投资对母公司经济绩效的影响可能存在滞后作用，对外直接投资无论是通过资源再配置、规模经济、逆向技术溢出还是外来者劣势，对母公司经济绩效的影响作用的发挥可能需要一段时间，而且这种影响作用可能随着时间推移会发生趋势性变化。为了检验对外直接投资对母公司经济绩效的动态影响效应，本书将式（6-1）进一步扩展为

$$perf_{it} = \beta_0 + \sum \eta_s ofdi_i \times time_{i,t-s} + \delta Z_{it} + c_i + \lambda_t + \varepsilon_{it}, s = 1,2,\cdots,5 \quad (6-2)$$

其中，η_s 为企业对外直接投资对母公司经济绩效的动态（滞后）影响效应，s 为滞后期。其他变量的含义与式（6-1）相同。

第二节　企业对外直接投资影响母公司经济绩效的静态效应

在完成样本匹配、匹配平衡检验和模型选择检验后，本章通过对式（6-1）的估计来分析对外直接投资对母公司经济绩效的静态影响效应。由于时间、地区、行业、所有权的差异可能会影响企业的经济绩效。不同年份政府政策、经济周期、国际环境等外部冲击会影响市场的供给与需求，进而影响企业经济绩效。不同省份地方政府的政策导向、区域市场规模、要素供给等差异可能会影响企业的经济绩效。另外，企业所有权属性、是否公开发行股票等差异也会影响企业经济绩效。因此，我们通过逐步控制企业固定效应、时间固定效应和其他不随时间变化的因素，检验对外直接投资对母公司经济绩效的影响。首先，本书在不考虑时间效应和可观测的其他控制变量情况下进行估计，估计结果如表6-2所示；其次，通过控制企业个体效应和时间效应，即使用双固定效应模型进行估计，估计结果如表6-3所示；最后，在双固定效应模型中引入其他控制变量，估计结果如表6-4所示。

表 6-2　企业对外直接投资影响母公司经济绩效的静态效应估计结果

	lnTFP	LP	EMPL	SALES	ROA	GRMA
$ofdi_i \times time_{it}$	0.0318 ***	0.2199 ***	0.4767 ***	0.6966 ***	-0.0350 ***	0.0014 ***
	(0.0054)	(0.0068)	(0.0111)	(0.0172)	(0.0001)	(0.0007)
Constant	0.0224 ***	0.0315 ***	0.0372 ***	0.0687 ***	0.0003 ***	0.0015 ***
	(0.0001)	(0.0001)	(0.0002)	(0.0004)	(0.0000)	(0.0001)
企业固定效应	是	是	是	是	是	是
样本数量	885609	885609	885609	885609	885609	885609
R^2	0.2499	0.2694	0.2204	0.2492	0.0573	0.1196
F 值	36.22	1043.39	1852.68	1636.38	39326.41	4.38

注：括号中报告的是标准误差。***、** 和 * 分别表示在1%、5%和10%的水平下显著。

表 6-3　企业对外直接投资影响母公司经济绩效的静态效应估计结果（two-way FE）

	lnTFP	LP	EMPL	SALES	ROA	GRMA
$ofdi_i \times time_{it}$	0.0295 ***	0.2141 ***	0.4735 ***	0.6876 ***	-0.0349 ***	0.0012 ***
	(0.0053)	(0.0068)	(0.0111)	(0.0173)	(0.0002)	(0.0007)
Constant	0.0221 ***	0.0305 ***	0.0362 ***	0.0667 ***	0.0003 ***	0.0015 ***
	(0.0003)	(0.0004)	(0.0006)	(0.0010)	(0.0000)	(0.0001)
企业固定效应	是	是	是	是	是	是
时间固定效应	是	是	是	是	是	是
样本数量	885609	885609	885609	885609	885609	885609
R^2	0.1544	0.2604	0.2207	0.2489	0.0575	0.0370
F 值	9.49	129.81	209.38	187.76	4376.81	3.94

注：括号中报告的是标准误差。***、** 和 * 分别表示在1%、5%和10%的水平下显著。

表 6-4　企业对外直接投资影响母公司经济绩效的静态效应估计结果

	lnTFP	LP	EMPL	SALES	ROA	GRMA
$ofdi_i \times time_{it}$	0.0254 ***	0.2088 ***	0.4744 ***	0.6722 ***	-0.0348 ***	0.0008
	(0.0053)	(0.0068)	(0.0111)	(0.0173)	(0.0002)	(0.0007)
AGE	0.0020	0.0011	0.0061 **	0.0011	0.0001	-0.0001
	(0.0015)	(0.0019)	(0.0031)	(0.0048)	(0.0001)	(0.0002)
KL	0.0031 ***	0.0058 ***	-0.0033 ***	0.0117 ***	-0.0001 ***	0.0003 ***
	(0.0003)	(0.0004)	(0.0005)	(0.0010)	(0.0000)	(0.0001)

	lnTFP	LP	EMPL	SALES	ROA	GRMA
EMPL	0.0097 *** (0.0004)	0.0115 *** (0.0005)	—	0.0351 *** (0.0014)	−0.0001 (0.0002)	0.0007 *** (0.0001)
Constant	−0.0456 *** (0.0042)	−0.059 *** (0.0054)	0.0415 *** (0.0067)	0.0667 *** (0.0010)	0.0005 *** (0.0001)	−0.003 *** (0.0005)
企业固定效应	是	是	是	是	是	是
时间固定效应	是	是	是	是	是	是
样本数量	885609	885609	885609	885609	885609	885609
R^2	0.0580	0.1613	0.1988	0.1640	0.0580	0.0275
F 值	52.65	136.73	175.15	195.91	3285.22	17.21

注：括号中报告的是标准误差。 *** 、** 和 * 分别表示在 1%、5% 和 10% 的水平下显著。

表 6-2 显示，在控制了企业固定效应后，$ofdi_i \times time_{it}$ 对全要素生产率、劳动生产率、就业、销售额、毛利率的估计系数显著为正，对资产收益率的估计系数显著为负。在同时控制企业固定效应和时间固定效应后，$ofdi_i \times time_{it}$ 的估计系数大小发生变化，但系数符号和显著性保持不变，表现较为稳健（见表 6-3）。表 6-4 显示，在进一步控制其他影响企业经济绩效的变量后，$ofdi_i \times time_{it}$ 对全要素生产率和劳动生产率的估计系数与未控制之前相比明显变小，但仍然显著为正，表明企业对外直接投资后的生产率增加明显高于非对外直接投资企业，分别高出 0.0254 个和 0.2088 个单位，从而证明企业对外直接投资显著提升了母公司生产率。同样，$ofdi_i \times time_{it}$ 对母公司就业和销售额的估计系数在控制影响企业经济绩效的其他控制变量后也略有下降，但仍然显著为正且远高于对生产率的估计系数，说明企业对外直接投资的确扩大了母公司的生产规模和销售规模，与非对外直接投资相比，其就业和销售额分别高出 0.4744 个和 0.6722 个单位。$ofdi_i \times time_{it}$ 对母公司的资产收益率的影响系数与未控制其他影响母公司经济绩效的其他控制变量相比，其绝对值明显减小且显著性较为稳健，表明企业从事对外直接投资降低了母公司的资产收益率，使其低于非对外直接投资企业 0.0348 个单位，证实企业对外直接投资抑制了母公司资产收益率的提高，这可能是由企业对外直接投资初期过高的资本投入和额外成本所致。但 $ofdi_i \times time_{it}$ 对母公司毛利率的估计系数很小且统计上不显著，表明企业从事对外直

投资在短期内对母公司毛利率没有显著影响。

从其他控制变量来看，企业年龄除了对母公司就业产生显著的正向影响外，对全要素生产率、劳动生产率、销售额、资产收益率和毛利率的影响非常小且统计上不显著，说明企业成立时间越长，规模越大，就业人数越多；但企业成立时间长短似乎与企业生产率和财务绩效没有必然的联系。资本密度对企业全要素生产率、劳动生产率、销售额、毛利率均产生显著正向影响，说明资本密度越高的企业越有可能引进先进机器设备和高素质的人力资本，产生规模经济，提高企业生产率；但资本密度对就业、资本收益率产生较小的显著负向影响，这可能与较大的资本投入、边际资本报酬递减有关。企业规模也对全要素生产率、劳动生产率、毛利率均产生显著正向影响，对资本收益率可能产生较小的负向影响且在统计上不显著。

第三节　企业对外直接投资影响母公司经济绩效的动态效应

企业对外直接投资对母公司经济绩效的影响可能存在滞后作用。企业在海外从事生产经营活动，刚开始接触到东道国先进技术和管理经验时，需要花费一段时间学习、消化和吸收先进技术和管理经验后才能促进经济绩效提高；而且当企业掌握了先进技术和管理经验后，由于受经验知识边际效用递减、外来者劣势等的影响，企业经济绩效并不会因对外直接投资而持续提高。企业从事对外直接投资旨在转移边际产业或输出过剩产能，在对外直接投资前可能存在过剩产能，对外直接投资后随着市场规模扩大，过剩产能得到利用，平均成本得以降低，但当企业对外直接投资持续一段时间后，过剩产能得到充分利用，再增加产能就会导致额外的固定资本投资，进而提高平均成本，可能对企业经济绩效产生负向影响。为了检验对外直接投资对母公司经济绩效的动态影响效应，我们采用双向固定效应的 DID 方法估计了式（6-2），估计结果如表6-5 和表6-6 所示。

表6-5　企业对外直接投资影响母公司经济绩效的动态效应估计结果（a）

	lnTFP		LP		EMPL	
	（1）	（2）	（1）	（2）	（1）	（2）
t+1	0.0333 *** (0.0075)	0.0230 *** (0.0075)	0.1519 *** (0.0097)	0.1475 *** (0.0097)	0.3670 *** (0.0158)	0.3678 *** (0.0158)
t+2	−0.0239 ** (0.0105)	−0.0240 ** (0.0105)	0.0233 * (0.0135)	0.0234 * (0.0135)	0.0555 ** (0.0219)	0.0553 ** (0.0219)
t+3	0.0681 *** (0.0125)	0.0680 *** (0.0125)	0.0729 *** (0.0161)	0.0727 *** (0.0161)	0.0484 * (0.0261)	0.0484 * (0.0261)
t+4	−0.089 *** (0.015)	−0.0902 ** (0.0150)	−0.058 *** (0.0193)	−0.0585 ** (0.0193)	0.1029 *** (0.0314)	0.1029 *** (0.0314)
t+5	−0.0219 (0.0150)	−0.0223 (0.0150)	−0.0088 (0.0194)	−0.0092 (0.0194)	0.1133 *** (0.0315)	0.1133 *** (0.0315)
AGE		0.0018 (0.0015)		0.0007 (0.0019)		0.0061 ** (0.0031)
KL		0.0098 *** (0.0004)		0.0059 *** (0.0004)		−0.0032 *** (0.0005)
EMPL		0.0031 *** (0.0003)		0.0117 *** (0.0005)		
Constant	0.0221 *** (0.0003)	−0.0457 *** (0.0042)	0.0305 *** (0.0004)	−0.060 *** (0.0054)	0.0363 *** (0.0006)	0.0412 *** (0.0067)
企业效应	是	是	是	是	是	是
时间效应	是	是	是	是	是	是
样本数量	885609	885609	885609	885609	885609	885609
R^2	0.0328	0.0481	0.1843	0.1152	0.1654	0.1449
F 值	11.43	43.73	64.21	82.74	128.28	113.83

注：括号中报告的是标准误差。 ***、** 和 * 分别表示在1%、5%和10%的水平下显著。

表6-6　企业对外直接投资影响母公司经济绩效的动态效应估计结果（b）

	SALES		ROA		GRMA	
	（1）	（2）	（1）	（2）	（1）	（2）
t+1	0.5189 *** (0.0245)	0.5063 *** (0.0245)	−0.025 *** (0.0003)	−0.025 *** (0.0003)	−0.0022 ** (0.0009)	−0.0024 ** (0.0009)

续表

	SALES		ROA		GRMA	
	（1）	（2）	（1）	（2）	（1）	（2）
t+2	0.0788 ** (0.0341)	0.0785 ** (0.0341)	−0.0128 *** (0.0004)	−0.0129 *** (0.0004)	−0.0009 (0.0013)	−0.0009 (0.0013)
t+3	0.1213 *** (0.0407)	0.1204 *** (0.0406)	0.0073 *** (0.0003)	0.0073 *** (0.0004)	−0.0101 *** (0.0016)	−0.0101 *** (0.0016)
t+4	0.0453 (0.0489)	0.0424 (0.0488)	−0.0013 ** (0.0005)	−0.0013 ** (0.0005)	0.0064 *** (0.002)	0.0063 *** (0.002)
t+5	0.1045 ** (0.0490)	0.1029 ** (0.0490)	−0.0003 (0.0005)	−0.0003 (0.0005)	0.0037 * (0.0019)	0.0036 * (0.0019)
AGE		0.0006 (0.0048)		0.0001 *** (0.0000)		−0.0001 (0.0002)
KL		0.0120 *** (0.0010)		−0.0001 ** (0.0000)		0.0003 *** (0.0001)
EMPL		0.0356 *** (0.0014)		0.0001 ** (0.0000)		0.0007 *** (0.0001)
Constant	0.0668 *** (0.0010)	−0.172 *** (0.0136)	0.0003 *** (0.0000)	0.0006 *** (0.0001)	0.0015 *** (0.0001)	−0.003 *** (0.0005)
企业效应	是	是	是	是	是	是
时间效应	是	是	是	是	是	是
样本数量	885609	885609	885609	885609	885609	885609
R^2	0.1857	0.1267	0.0338	0.0355	0.0191	0.0136
F 值	104.32	127.23	2156.72	1755.22	8.54	17.98

注：括号中报告的是标准误差。*** 、** 和 * 分别表示在 1%、5% 和 10% 的水平下显著。

表 6-5 和表 6-6 显示，企业对外直接投资 1~5 年后，$ofdi_i \times time_{it}$ 的估计系数基本在统计上显著，说明企业对外直接投资对母公司经济绩效的确存在滞后影响效应。从母公司生产率来看，无论是全要素生产率还是劳动生产率，对外直接投资对母公司生产率的影响均存在滞后效应，两者之间呈现反 S 形关系。与对外直接投资当年相比，投资 1 年后 $ofdi_i \times time_{it}$ 的系数虽然下降但显著为正，说明短期内对外直接投资使母公司生产规模扩张、资源配置优化，刺激了生产率的提高；与投资当年和投资 1 年后相比，投资 2 年后 $ofdi_i \times time_{it}$ 的系数显著

为负，这可能是由规模经济递减和外来者劣势所引致的额外成本和整合成本增加所致；与投资当年、投资 1 年后和投资 2 年后相比，投资 3 年后 $ofdi_i \times time_{it}$ 的系数显著提高，且影响效应最大，这可能是由于随着企业对东道国市场环境的熟悉，逐步建立了相应的生产销售网络体系，弱化了外来者劣势，增强了企业的经验学习效应；投资 4 年后 $ofdi_i \times time_{it}$ 系数再次显著为负，这或许与企业在东道国市场与各利益相关者的整合效果不佳有关，麦肯锡对中国企业跨国并购的调研发现，许多中国企业跨国并购效果不佳，除了并购时机选择错误外，重要原因是缺乏并购后的整合能力①。投资 5 年后 $ofdi_i \times time_{it}$ 系数依然为负但在统计上不显著。上述结果表明，在短期内企业对外直接投资对母公司生产率的确存在促进作用，但随着时间推移这种促进作用逐渐递减且最终可能显示出负面作用。

从母公司就业和销售额来看，对外直接投资对母公司就业和销售额也产生明显的滞后影响效应，对外直接投资与母公司规模之间呈现 V 形关系。与对外直接投资当年相比，投资 1~3 年后 $ofdi_i \times time_{it}$ 的估计系数呈现逐年明显递减的趋势，说明短期内随着边际产业的转移和过剩产能的输出，母公司生产规模和销售规模扩大的速度减缓；投资 4~5 年后 $ofdi_i \times time_{it}$ 的系数开始逐渐提高，说明随着企业逐渐熟悉、适应东道国市场环境，外来者劣势可能减弱，或者是企业海外市场生产销售网络体系逐步建立和完善，对母公司中间产品的需求增加，导致母公司生产和销售规模的扩大。上述估计结果表明，无论在短期内还是长期内企业对外直接投资均扩大了母公司的就业和销售规模。

从母公司财务效率看，对外直接投资对母公司资本收益率和毛利率也存在滞后影响，基本呈现负向的线性关系。与对外直接投资当年相比，投资 1~4 年后 $ofdi_i \times time_{it}$ 的系数虽然为负，但负向影响逐年减弱；到投资 5 年后，对外直接投资对资本收益率的影响依然为负，但在统计上已变得不再显著，特别是对毛利率的影响开始转为正向。这可能与对外直接投资企业在海外经营初期大量的资本投入和较大的海外经营的额外成本有关，虽然对外直接投资企业的所有权、内部化、区位等优势与东道国资源的整合从理论上讲应该对母公司财务效率产生正向影响，但资源整合的效应需要较长时间才能发挥出来；同样，企业通过逆向技术溢出接触、学习、吸收先进技术和管理经验等战略性资产也需要较长一段时间，即企业在学习和吸收先进技术和管理经验之后，还需要将这些

---

① 参见麦肯锡战略与公司金融咨询业务部 2017 年发布的《中企跨境并购袖珍指南》。

先进技术、管理经验等外部信息与内部资源、能力相结合，形成新产品、新技术、新工艺、新管理模式等，才能发挥出战略性资产的价值，降低外来者劣势，提高母公司财务效率。因而在短期内对外直接投资对母公司财务效率的负面影响起主导作用，这也与中国企业海外生产经营的实践相一致。上述结果表明，企业对外直接投资在短期内降低了母公司的资本收益率和毛利率，但随着时间的推移这种负向影响逐渐减弱甚至转变为正向影响。

第四节　稳健性检验

企业对外直接投资对母公司经济绩效影响的检验结果表明，企业对外直接投资对母公司资本收益率和毛利率存在负向影响，但能够有效地促进母公司全要素生产率、劳动生产率、就业和销售额的提高。考虑到匹配方法、产业政策、外部经济环境及企业其他战略决策对企业经济绩效的影响，需要对上述估计结果进行稳健性检验。稳健性检验主要通过改变样本匹配方法和改变样本时间跨度进行。

一、改变样本匹配方法

在本章的第三节和第四节中使用了核匹配方法进行样本匹配，在匹配过程中对匹配方法的选择可能会影响估计结果。为了检验上述估计结果是否依赖于具体的匹配方法，本节采用 1：3 的近邻匹配方法和卡尺匹配方法重新进行样本匹配，获得匹配样本观测值 880142 个和 885106 个，以进行稳健性检验。相应的估计结果如表 6-7 和表 6-8 所示。无论采用 1：3 近邻匹配的估计结果还是采用卡尺匹配的估计结果，均与上述用核匹配的估计结果没有实质性差异。

表 6-7　稳健性检验：近邻匹配方法

	lnTFP	LP	EMPL	SALES	ROA	GRMA
t+0	0.1179 *** (0.0230)	0.1271 *** (0.0230)	0.4789 *** (0.0149)	0.1275 *** (0.0231)	−0.0059 (0.006)	−0.0114 *** (0.0039)

续表

	lnTFP	LP	EMPL	SALES	ROA	GRMA
t+1	0.1171 *** (0.0327)	0.0917 *** (0.0327)	0.3820 *** (0.0212)	0.0928 *** (0.0326)	−0.0028 (0.0082)	−0.0123 ** (0.0055)
t+2	−0.0585 (0.0461)	−0.0002 (0.0462)	0.0044 (0.0300)	0.0013 (0.0465)	−0.0122 * (0.0069)	−0.0114 * (0.0065)
t+3	0.0960 * (0.0548)	0.0797 (0.0549)	0.0407 (0.0356)	0.0785 (0.0551)	0.0134 (0.0138)	−0.0100 (0.0092)
t+4	−0.0724 (0.065)	−0.05381 (0.065)	0.0914 ** (0.0422)	0.0379 (0.0731)	0.0024 (0.0163)	0.0032 (0.0109)
t+5	0.0539 (0.0646)	0.0651 (0.0648)	0.0435 (0.0421)	0.0027 (0.0791)	0.0116 (0.0163)	0.0005 (0.010/8)
企业效应	是	是	是	是	是	是
时间效应	是	是	是	是	是	是
控制变量	是	是	是	是	是	是
样本数量	880142	880142	880142	880142	880142	880142

注：括号中报告的是标准误差。*** 、** 和 * 分别表示在1%、5%和10%的水平下显著。

表6-8　稳健性检验：卡尺匹配方法

	lnTFP	LP	EMPL	SALES	ROA	GRMA
t+0	0.1271 *** (0.0248)	0.0568 ** (0.0298)	0.4619 *** (0.0162)	0.4395 *** (0.0278)	−0.0160 ** (0.0062)	−0.0022 (0.0041)
t+1	0.0966 *** (0.0341)	0.0889 *** (0.0342)	0.3352 *** (0.0223)	0.3284 *** (0.0377)	−0.004 *** (0.0018)	−0.0107 * (0.0057)
t+2	−0.0167 (0.0467)	−0.0101 (0.0468)	0.0124 (0.0305)	0.0190 (0.0517)	−0.0068 * (0.0036)	−0.0016 * (0.0009)
t+3	0.1064 * (0.0558)	0.1088 * (0.0666)	0.0829 ** (0.0365)	0.1680 *** (0.0617)	0.0137 (0.0140)	−0.0070 (0.0092)
t+4	−0.0478 (0.0673)	−0.0247 (0.068)	0.1244 *** (0.044)	0.0641 (0.0744)	0.0029 (0.0163)	−0.0087 (0.0094)
t+5	−0.0270 (0.0731)	−0.0123 (0.0733)	0.0452 (0.0477)	0.0200 (0.0808)	0.0085 (0.0184)	−0.0008 (0.0123)

续表

	lnTFP	LP	EMPL	SALES	ROA	GRMA
企业效应	是	是	是	是	是	是
时间效应	是	是	是	是	是	是
控制变量	是	是	是	是	是	是
样本数量	885106	885106	885106	885106	885106	885106

注：括号中报告的是标准误差。***、** 和 * 分别表示在 1%、5% 和 10% 的水平下显著。

二、改变样本时间跨度

本书使用 2007~2016 年的样本分析了对外直接投资对母公司经济绩效的影响。2008 年国际金融危机的爆发以及 2008~2009 年中央和各级政府实施的各项经济政策可能会对企业经济绩效产生冲击。为了检验实证结果的可靠性，本书将样本的观测期从原来的 2007~2016 年缩短为 2010~2016 年，核匹配样本的观测值相应地从 885609 个减少到 562940 个。对上述样本重新进行 PSM-DID 检验的结果（如表 6-9 所示），与本章前面的估计结果基本一致。

表 6-9　稳健性检验：改变样本时间跨度

	lnTFP	LP	EMPL	SALES	ROA	GRMA
t+0	0.0483 *** (0.0066)	0.1894 *** (0.0083)	0.3583 *** (0.0143)	0.5284 *** (0.0214)	-0.029 *** (0.001)	0.0029 *** (0.001)
t+1	0.0432 *** (0.0084)	0.1286 *** (0.0107)	0.2691 *** (0.0184)	0.3829 *** (0.0275)	-0.0196 *** (0.0003)	-0.0018 (0.0012)
t+2	-0.0310 *** (0.0112)	0.0163 (0.0141)	0.0525 ** (0.0244)	0.0674 * (0.0364)	-0.0126 *** (0.0004)	-0.0033 ** (0.0016)
t+3	0.0619 *** (0.0132)	0.0721 *** (0.0167)	0.0465 (0.0289)	0.1168 *** (0.0431)	0.0058 *** (0.0005)	-0.008 *** (0.0019)
t+4	-0.1009 *** (0.0159)	-0.0716 ** (0.036)	0.1125 ** (0.0347)	0.0352 (0.0517)	-0.0031 *** (0.0006)	0.0076 *** (0.0023)
t+5	-0.0201 (0.0160)	0.0055 (0.0203)	0.1309 *** (0.0350)	0.1318 ** (0.0523)	-0.0025 *** (0.0006)	0.0037 (0.0023)

	lnTFP	LP	EMPL	SALES	ROA	GRMA
企业效应	是	是	是	是	是	是
时间效应	是	是	是	是	是	是
控制变量	是	是	是	是	是	是
样本数量	562940	562940	562940	562940	562940	562940

注：括号中报告的是标准误差。***、**和*分别表示在1%、5%和10%的水平下显著。

第五节　本章小结

　　本章通过模型的筛选和检验，利用核匹配获得的匹配样本，采用双向固定效应的DID方法检验企业对外直接投资对母公司经济绩效的静态影响效应和动态影响效应。从静态的角度看，企业对外直接投资对母公司全要素生产率、劳动生产率、就业、销售额、毛利率产生显著的正向影响，从而促进了母公司生产率的提升；企业对外直接投资对资产收益率产生了明显的负向影响，因而抑制了母公司财务效率的改善。

　　从动态的角度看，企业对外直接投资对母公司经济绩效产生了滞后影响效应。具体而言，企业对外直接投资1~5年后，$ofdi_i \times time_{it}$的估计系数在统计上基本显著，说明企业对外直接投资对母公司经济绩效的确存在滞后影响效应。企业对外直接投资对母公司生产率产生滞后影响，两者之间呈现反S形关系，即投资1~2年后对外直接投资对母公司生产率的影响逐年下降，投资3年后其正向影响最大，投资4~5年后其影响效应不仅下降而且转变为负向影响；企业对外直接投资对母公司就业和销售额也存在明显的滞后影响效应，两者之间呈现V形关系，即投资1~3年后对外直接投资对母公司就业和销售额虽然产生促进作用，但边际影响效应递减；投资4~5年后其影响效应又开始逐年上升；企业对外直接投资对母公司财务绩效也存在明显的滞后影响效应，两者之间基本呈现负相关的线性关系，即投资1~4后对外直接投资对母公司财务绩效的影响虽然为负，但负向影响效应逐年弱化，投资5年后其影响效应虽仍然为负但统计上不再显著。

第六章　企业对外直接投资影响母公司经济绩效的效应检验

　　考虑到匹配方法、产业政策、外部经济环境及企业其他战略决策对企业经济绩效的影响，本章通过改变样本匹配方法和改变样本时间跨度对上述估计结果进行稳健性检验，检验结果证实，无论是改变样本匹配方法还是改变样本时间跨度进行估计的结果均与上述估计结果基本一致。

第七章

企业异质性对 OFDI-母公司经济绩效
关系的调节效应检验

第六章使用匹配样本、采用双向固定效应 DID 方法检验了企业对外直接投资对母公司经济绩效的静态影响效应和动态影响效应。然而企业的异质性会从不同方面影响对外直接投资与母公司经济绩效之间的关系。本章从企业对外直接投资决策的异质性出发，检验企业对外直接投资模式、投资动机、投资区位和投资广度的异质性对企业对外直接投资与母公司经济绩效之间关系的调节效应。

第一节　投资模式对 OFDI-母公司经济绩效
关系的调节效应检验

一、模型设定

企业从事对外直接投资以什么样的方式进入东道国市场？由于受到东道国市场规模、资源禀赋、法律和制度环境、投资国与东道国文化差异等国家层面因素和产业技术水平、产业多元化、产业集中度等产业层面因素以及企业研发能力和管理组织能力、国际化经营经验、国际投资战略等企业层面因素的综合影响，不同企业的从事对外直接投资会选择不同的东道国市场进入模式。目前的中国企业对外直接投资进入模式主要为绿地投资和跨国并购。不同进入模式下，进入东道国市场企业可能会面临不同的管理方式、企业文化以及逆向技术溢出渠道，从而影响海外子公司经济绩效，进而影响母公司的经济绩效（Kim和 Gray，2008）。绿地投资和跨国并购两种东道国市场进入模式内在特性的差异，使对外直接投资影响母公司经济绩效的机理和效应存在明显异质性。为了检验绿地投资和跨国并购两种东道国市场进入模式对 OFDI-母公司经济绩效关系的调节效应，本章在式（6-1）的基础上，引入表示投资模式的虚拟变量，将式（6-1）进一步扩展为

$$perf_{it} = \beta_0 + \beta_1 ofdi_i \times time_{it} + \beta_2 ofdi_i \times time_{it} \times merger_i + \delta Z_{it} + c_i$$
$$+ \lambda_t + \varepsilon_{it} \tag{7-1}$$

其中的 $merger_i$ 表示企业是以跨国并购的方式还是以绿地投资的方式进入东道国市场，如果企业是以跨国并购方式进入东道国市场则 $merger_i = 1$，如果企业是以绿地投资方式进入东道国市场则 $merger_i = 0$。交互项 $ofdi_i \times time_{it}$ 的估计系数 β_1 表示以绿地投资模式进入东道国市场的对外直接投资对母公司经济绩效的影响效应，交互项 $ofdi_i \times time_{it} \times merger_i$ 的估计系数 β_2 表示以跨国并购模式进入东道国市场的对外直接投资对母公司经济绩效的影响效应比以绿地投资模式进入东道国市场的对外直接投资对母公司经济绩效影响效应高出或低出的部分，即 $\beta_1 + \beta_2$ 表示以跨国并购模式进入东道国市场的对外直接投资对母公司经济绩效的影响效应。其他变量的界定与前面相同。

为了进一步检验投资模式对 OFDI-母公司经济绩效关系调节的动态效应，我们对式（6-2）进行了扩展，即

$$perf_{it} = \beta_0 + \sum \eta_s ofdi_i \times time_{i,t-s} + \sum \theta_s ofdi_i \times time_{i,t-s} \times merger_i +$$
$$\delta Z_{it} + c_i + \lambda_t + \varepsilon_{it}, s = 1, \cdots, 5 \tag{7-2}$$

其中，η_s 表示以绿地投资模式进入东道国市场的对外直接投资对母公司经济绩效的动态（滞后）影响效应；$\eta_s + \theta_s$ 表示以跨国并购模式进入东道国市场的对外直接投资对母公司经济绩效的动态（滞后）影响效应；s 表示滞后期，我们分析了滞后 5 年的动态影响效应。其他变量的含义与式（7-1）相同。

二、计量结果

本部分使用核匹配样本，通过采用双向固定效应 DID 方法对式（7-1）的估计来检验对绿地投资和跨国并购两种投资模式对 OFDI-母公司经济绩效的静态调节效应；并进一步通过对式（7-2）的估计来检验两种投资模式对 OFDI-母

公司经济绩效的动态调节效应。估计结果如表7-1、表7-2所示。

表7-1 投资模式对OFDI-母公司经济绩效调节效应的估计结果（a）

	LnTFP		LP		EMPL	
	绿地投资	跨国兼并	绿地投资	跨国兼并	绿地投资	跨国兼并
t+0	−0.118 *** (0.0106)	0.0728 *** (0.0062)	0.0283 ** (0.0137)	0.2686 *** (0.0079)	0.3819 *** (0.0222)	0.5050 *** (0.0128)
t+1	−0.148 *** (0.0148)	0.0915 *** (0.0087)	−0.0734 *** (0.0191)	0.2238 *** (0.0112)	0.3124 *** (0.0311)	0.3751 *** (0.0183)
t+2	0.0070 (0.0210)	−0.0381 *** (0.0121)	0.0052 (0.0270)	0.0245 (0.0155)	0.1240 *** (0.0440)	0.0311 (0.0253)
t+3	0.0215 (0.0245)	0.0883 *** (0.0145)	0.0889 *** (0.0315)	0.0725 *** (0.0187)	0.0559 (0.0513)	0.0855 *** (0.0304)
t+4	0.0504 *** (0.0285)	−0.1544 *** (0.0176)	0.1289 *** (0.0368)	−0.129 *** (0.0227)	0.0754 (0.0598)	0.1132 *** (0.0304)
t+5	−0.0209 (0.0273)	−0.0283 (0.0180)	−0.0048 (0.0352)	−0.0186 (0.0232)	0.0773 (0.0572)	0.1358 *** (0.0378)
企业效应	是	是	是	是	是	是
时间效应	是	是	是	是	是	是
控制变量	是	是	是	是	是	是
样本数量	885609	885609	885609	885609	885609	885609

注：括号中报告的是标准误差。 *** 、 ** 和 * 分别表示在1%、5%和10%的水平下显著。

表7-2 投资模式对OFDI-母公司经济绩效调节效应的估计结果（b）

	SALES		ROA		GRMA	
	绿地投资	跨国兼并	绿地投资	跨国兼并	绿地投资	跨国兼并
t+0	0.4013 *** (0.0346)	0.7619 *** (0.0199)	−0.024 *** (0.0004)	−0.039 *** (0.0002)	0.0249 *** (0.0013)	−0.007 *** (0.0008)
t+1	0.2389 *** (0.0483)	0.5990 *** (0.0284)	−0.021 *** (0.0005)	−0.027 *** (0.0003)	0.0187 *** (0.0019)	−0.0097 *** (0.0011)
t+2	0.1291 * (0.0684)	0.0555 (0.0393)	−0.010 *** (0.0007)	−0.014 *** (0.0004)	0.0058 ** (0.0026)	−0.0003 (0.0015)

续表

	SALES		ROA		GRMA	
	绿地投资	跨国兼并	绿地投资	跨国兼并	绿地投资	跨国兼并
t+3	0.0330 （0.0798）	0.0880 *** （0.0472）	0.0154 *** （0.0008）	0.0042 *** （0.0005）	− 0.022 *** （0.0031）	− 0.0064 *** （0.0018）
t+4	0.2043 ** （0.093）	0.1158 *** （0.0574）	− 0.003 *** （0.001）	− 0.0012 ** 0.0005）	0.0090 ** （0.0036）	0.0123 *** （0.0022）
t+5	0.0724 （0.0890）	0.1172 ** （0.0588）	0.0078 *** （0.0009）	0.0028 *** （0.0006）	0.0129 *** （0.0034）	0.0002 （0.0023）
企业效应	是	是	是	是	是	是
时间效应	是	是	是	是	是	是
控制变量	是	是	是	是	是	是
样本数量	885609	885609	885609	885609	885609	885609

注：括号中报告的是标准误差。*** 、** 和 * 分别表示在 1%、5% 和 10% 的水平下显著。

表 7-1、表 7-2 显示，绿地投资和跨国并购对母公司全要素生产率产生明显不同的影响效应。在对外直接投资当年，绿地投资对母公司全要素生产率产生负向影响，而跨国并购则对母公司全要素生产率产生正向影响，比绿地投资高出 0.1906 个单位。从动态视角看，绿地投资 1 年后，其影响效应仍然显著为负且负向影响效应强化，投资 2~3 年后其影响效应转变为正向，但在统计上不显著，投资 4 年后产生了显著的正向影响效应，投资 5 年后其影响效应再次变为负向且在统计上不显著；而跨国并购 1 年后，通过跨国并购模式进入东道国市场的对外直接投资对母公司全要素生产率的促进作用显著增大，跨国并购 2 年后这种影响效应显著为负，跨国并购 3 年后其影响效应显著为正，跨国并购 4~5 年后其影响效应不仅再次转变为负，在统计上其显著性也逐渐从显著变为不显著。绿地投资和跨国并购对母公司劳动生产率也产生了明显不同的影响效应。在对外直接投资当年，以绿地投资和跨国并购模式进入东道国市场的对外直接投资均促进了母公司劳动生产率的提高，且跨国并购对母公司劳动生产率的影响效应明显高于绿地投资，高出 0.2403 个单位。从动态视角看，绿地投资 1 年后对母公司劳动生产率产生显著的负向影响，投资 2~4 年后绿地投资对母公司劳动生产率的影响转变为促进作用并逐年提高，在投资 4 年后达到最高，投资 5 年后影响再次转变为负且统计上不显著；而跨国并购对母公司劳动生产

率的促进作用在并购1~3年后逐年降低，在并购4~5年后其影响效应显著为负。与两种投资模式对母公司全要素生产率的动态影响效应相比，其对劳动生产率的动态影响程度虽然存在差异，但影响方向和变动趋势基本一致。

绿地投资和跨国并购均促进了母公司就业和销售额增长，且跨国并购的促进作用高于绿地投资，分别高出0.3607个和0.3606个单位。从动态视角看，绿地投资对母公司就业和销售额的正向影响呈现逐年递减趋势，且在投资5年后其影响在统计上不再显著；跨国并购对母公司就业和销售额的正向影响效应也逐年递减，但并购3年后其影响效应开始逐年缓慢上升。Dunning（2000）认为，绿地投资是通过在东道国建立子公司或分支机构的形式渗入东道国市场，由于要适应东道国本地环境，通常需要支付额外的交易成本，且与本地资源整合需要一定的时间，因而在投资初始阶段会抑制母公司生产率的提高。Slangen和Hennart（2007）认为，小企业从事对外直接投资时，初始阶段都是选择绿地投资方式进入东道国市场的，通过时间积累逐渐发展成大企业，因此产生规模经济的时间较长。Jensen（1988）认为，跨国并购往往将东道国市场的龙头企业或寡头企业作为并购对象，因为通过并购这些具有行业领导地位的企业，在较短时间内就可以垄断东道国市场，满足东道国市场的需求，获得规模经济。

绿地投资与跨国并购对母公司资本收益率的影响在投资当年均显著为负，且跨国并购的负向影响高于绿地投资，高出0.0151个单位。从动态视角看，绿地投资对资本收益率的负向影响在投资1~2年后逐年降低，投资3年后其影响变为正向，但投资4年后其影响效应再次反转为负向，投资5年后再次呈现正向影响效应；跨国并购对母公司资本收益率影响效应的变动趋势与绿地投资基本一致，但对母公司投资收益率的抑制作用始终高于绿地投资或者促进作用小于绿地投资。在对外直接投资当年，绿地投资对母公司毛利率产生促进作用，而跨国并购对母公司毛利率产生抑制作用。从动态视角看，在绿地投资1~2年后其对母公司毛利率的促进作用逐年递减，投资3年后其影响效应为负，投资4~5年后其影响效应为正且逐年提高；跨国并购在并购1~3年后其依然抑制母公司毛利率的提升，并购4~5年后其影响从抑制作用演变为促进作用。可见，绿地投资和跨国并购对母公司毛利率的影响方向和变动趋势基本上与资本收益率一致。这可能与并购当年投资大量资金以及并购后整合成本较高且对先进技术和管理经验等战略性资产需要较长时间的消化吸收有关。

上述估计结果表明，与绿地投资相比，跨国并购对母公司生产率和规模产生较高的促进作用，且随着时间的推移这种促进作用呈现下降趋势甚至可能转变为抑制作用；跨国并购对母公司财务效率的抑制作用也明显高于绿地投资，但这种抑制作用随着时间推移也明显弱化甚至转变为促进作用。

三、稳健性检验

绿地投资和跨国并购两种投资模式对 OFDI-母公司经济绩效关系调节效应的检验结果表明，与绿地投资相比，跨国并购对母公司生产率和规模产生较高的促进作用，但随着时间的推移这种促进作用呈现下降趋势甚至转变为抑制作用；跨国并购对母公司财务效率的抑制作用也明显高于绿地投资，但这种抑制作用随着时间推移也明显弱化甚至转变为促进作用。考虑到匹配方法、产业政策、外部经济环境及企业其他战略决策对企业经济绩效的影响，需要对上述估计结果进行稳健性检验。

1. 改变样本匹配方法

在估计绿地投资和跨国并购两种投资模式对 OFDI-母公司经济绩效关系调节效应时，我们使用了核匹配方法进行样本匹配，在匹配过程中对匹配方法的选择可能会影响估计结果。为了检验上述估计结果是否依赖于具体的匹配方法，我们采用 1∶3 的近邻匹配方法和卡尺匹配方法重新进行样本匹配，以进行稳健性检验。受限于篇幅，近邻匹配的估计结果略去。卡尺匹配的估计结果如表7-3、表7-4 所示。无论采用 1∶3 近邻匹配方法进行样本匹配的估计结果还是采用卡尺匹配方法进行样本匹配的估计结果，均与上述用核匹配的估计结果没有实质性差异。

表 7-3　投资模式调节效应的稳健性检验：改变样本匹配方法（a）

	lnTFP		LP		EMPL	
	绿地投资	跨国兼并	绿地投资	跨国兼并	绿地投资	跨国兼并
t+0	−0.0541 **	0.1852 ***	−0.1175 **	0.2133 ***	0.3812 ***	0.4878 ***
	(0.0263)	(0.0285)	(0.0503)	(0.0285)	(0.0328)	(0.0186)
t+1	−0.0453 **	0.1438 ***	−0.1123 *	0.1553 ***	0.3030 ***	0.3456 ***
	(0.0226)	(0.0392)	(0.0652)	(0.0393)	(0.0450)	(0.0256)

	lnTFP		LP		EMPL	
	绿地投资	跨国兼并	绿地投资	跨国兼并	绿地投资	跨国兼并
t+2	−0.0717 (0.0976)	−0.0050 (0.0532)	0.0035 (0.0979)	0.0065 (0.0534)	0.0334* (0.0182)	0.0069 (0.0348)
t+3	0.0593 (0.1219)	0.1159* (0.0628)	0.0474 (0.1222)	0.1222* (0.0629)	0.0165 (0.0797)	0.1099*** (0.0410)
t+4	0.1849 (0.1392)	−0.1064 (0.0770)	0.2010 (0.1396)	−0.0924 (0.0773)	0.0800 (0.0910)	0.1436*** (0.0503)
t+5	−0.0448 (0.1433)	−0.0210 (0.0850)	−0.0296 (0.1437)	−0.0058 (0.0852)	0.0611 (0.0936)	0.0424 (0.0555)
企业效应	是	是	是	是	是	是
时间效应	是	是	是	是	是	是
控制变量	是	是	是	是	是	是
样本数量	885106	885106	885106	885106	885106	885106

注：括号中报告的是标准误差。***、**和*分别表示在1%、5%和10%的水平下显著。

表7-4 投资模式调节效应的稳健性检验：改变样本匹配方法（b）

	SALES		ROA		GRMA	
	绿地投资	跨国兼并	绿地投资	跨国兼并	绿地投资	跨国兼并
t+0	0.3912*** (0.0346)	0.7341*** (0.0199)	0.0028 (0.0126)	−0.0074 (0.0071)	0.0157* (0.0084)	−0.0180*** (0.0048)
t+1	0.2039*** (0.0483)	0.5581*** (0.0284)	−0.0067* (0.0036)	−0.0079** (0.0041)	0.0118** (0.0055)	−0.0181*** (0.0066)
t+2	0.0087 (0.0684)	0.0428 (0.0393)	−0.0107* (0.0058)	−0.0121** (0.0057)	0.0039** (0.0018)	−0.0046** (0.0023)
t+3	0.0324 (0.0798)	0.0617* (0.0320)	0.0386* (0.0206)	0.0071 (0.0157)	0.0172 (0.0204)	−0.0063 (0.0105)
t+4	0.2017** (0.0930)	0.1025* (0.0524)	0.0003 (0.0350)	0.0026 (0.0035)	−0.0085 (0.0234)	−0.0068 (0.0129)
t+5	0.0724 (0.0890)	0.1131** (0.0554)	−0.0041 (0.0360)	0.0124 (0.0213)	0.0141 (0.0240)	0.0059 (0.0143)
企业效应	是	是	是	是	是	是

续表

	SALES		ROA		GRMA	
	绿地投资	跨国兼并	绿地投资	跨国兼并	绿地投资	跨国兼并
时间效应	是	是	是	是	是	是
控制变量	是	是	是	是	是	是
样本数量	885106	885106	885106	885106	885106	885106

注：括号中报告的是标准误差。***、**和*分别表示在1%、5%和10%的水平下显著。

2. 改变样本时间跨度

本书使用 2007~2016 年的样本检验了绿地投资和跨国并购两种投资模式对 OFDI-母公司经济绩效关系的调节效应。2008 年国际金融危机的爆发以及 2008~2009 年中央和各级政府实施的各项经济政策、企业经营战略的改变可能会对企业经济绩效产生影响。为了检验上述实证结果的可靠性，本书将样本的观测期从原来的 2007~2016 年缩短为 2010~2016 年。对上述样本重新进行 PSM-DID 检验的结果（见表 7-5、表 7-6），与本书前面的估计结果基本一致。

表 7-5　投资模式调节效应的稳健性检验：改变样本时间跨度（a）

	lnTFP		LP		EMPL	
	绿地投资	跨国兼并	绿地投资	跨国兼并	绿地投资	跨国兼并
t+0	−0.133 *** (0.0133)	0.1052 *** (0.0098)	−0.0110 (0.0168)	0.2535 *** (0.095)	0.2834 *** (0.0290)	0.3823 *** (0.0164)
t+1	−0.143 *** (0.0168)	−0.041 *** (0.0129)	−0.0766 ** (0.0213)	0.1967 *** (0.0123)	0.2352 *** (0.0366)	0.2806 *** (0.0213)
t+2	−0.0195 (0.0226)	0.0795 (0.0154)	−0.0221 (0.0285)	0.0225 (0.0163)	0.1191 ** (0.0492)	0.0298 (0.0281)
t+3	0.0190 (0.0259)	0.0795 *** (0.0154)	0.0849 ** (0.0328)	0.0708 *** (0.0194)	−0.0406 (0.0566)	0.0774 ** (0.0336)
t+4	0.0618 ** (0.0301)	−0.163 *** (0.0187)	0.1065 *** (0.0382)	−0.140 *** (0.0236)	0.1007 (0.0659)	0.1186 *** (0.0407)
t+5	−0.0190 (0.0291)	−0.0279 (0.0193)	−0.0105 (0.0368)	0.0031 (0.0244)	0.1193 * (0.0634)	0.1408 *** (0.0420)
企业效应	是	是	是	是	是	是

续表

	lnTFP		LP		EMPL	
	绿地投资	跨国兼并	绿地投资	跨国兼并	绿地投资	跨国兼并
时间效应	是	是	是	是	是	是
控制变量	是	是	是	是	是	是
样本数量	562940	562940	562940	562940	562940	562940

注：括号中报告的是标准误差。***、**和*分别表示在1%、5%和10%的水平下显著。

表7-6　投资模式调节效应的稳健性检验：改变样本时间跨度（b）

	SALES		ROA		GRMA	
	绿地投资	跨国兼并	绿地投资	跨国兼并	绿地投资	跨国兼并
t+0	0.2568*** (0.0434)	0.6152*** (0.0246)	−0.021*** (0.0005)	−0.032*** (0.0003)	0.0283*** (0.0019)	−0.005*** (0.0011)
t+1	0.1455*** (0.0546)	0.4620*** (0.0318)	−0.0177* (0.0006)	−0.021*** (0.0004)	0.0177*** (0.0024)	−0.008*** (0.0014)
t+2	0.0926 (0.0735)	0.0520 (0.0419)	−0.009*** (0.0008)	−0.013*** (0.0005)	0.0116*** (0.0033)	0.0013 (0.0019)
t+3	0.0469 (0.0845)	0.1449*** (0.0501)	0.0142*** (0.0009)	0.0028*** (0.0006)	−0.017*** (0.0038)	−0.0058** (0.0022)
t+4	0.2021** (0.0983)	−0.0274 (0.0608)	−0.003*** (0.0011)	−0.003*** (0.0007)	−0.0107** (0.0044)	0.0149*** (0.0027)
t+5	0.1052 (0.0947)	0.1387** (0.0628)	−0.007*** (0.0011)	−0.0006 (0.0007)	0.0167*** (0.0042)	−0.0012 (0.0028)
企业效应	是	是	是	是	是	是
时间效应	是	是	是	是	是	是
控制变量	是	是	是	是	是	是
样本数量	562940	562940	562940	562940	562940	562940

注：括号中报告的是标准误差。***、**和*分别表示在1%、5%和10%的水平下显著。

第二节　投资动机对 OFDI-母公司经济绩效 关系的调节效应检验

一、模型设定

企业的异质性使其从事对外直接投资的动机也存在明显差异。Dunning（1998）将企业对外直接投资动机分为资源寻求型、效率寻求型、市场寻求型及战略资产寻求型四种。根据中华人民共和国商务部的统计，中国企业对外直接投资动机主要包括商贸服务型、当地生产型、资源开发型和技术研发型四种。由于不同投资动机与东道国资源联系程度的差异及其绩效目标的异质性，其会对 OFDI-母公司经济绩效关系产生不同的调节效应。为了检验不同投资动机对 OFDI-母公司经济绩效关系的调节效应，我们在式（6-1）的基础上，引入表示投资动机的虚拟变量，将式（6-1）进一步扩展为

$$perf_{it} = \beta_0 + \beta_1 ofdi_i \times time_{it} + \sum \rho_k ofdi_i \times time_{it} \times motive_i^k \qquad (7\text{-}3)$$
$$+ \delta Z_{it} + c_i + \lambda_t + \varepsilon_{it}$$

其中，$motive_i^k$ 表示企业从事对外直接投资动机的虚拟变量，$k = 1, 2, \cdots,$ 4。$motive_i^1$、$motive_i^2$、$motive_i^3$ 和 $motive_i^4$ 分别代表商贸服务型、当地生产型、资源开发型和技术研发型。交互项 $ofdi_i \times time_{it} \times motive_i^k$ 的系数 ρ 可以识别不同投资动机对母公司经济绩效的异质性影响。其他变量的界定与前面相同。

为了进一步检验不同投资动机对 OFDI-母公司经济绩效关系调节的动态效应，我们对式（6-2）进行了扩展，即

$$perf_{it} = \beta_0 + \sum \eta_s ofdi_i \times time_{i,t-s} + \sum \theta_s ofdi_i \times time_{i,t-s} \times motive_i^k \quad (7\text{-}4)$$
$$+ \delta Z_{it} + c_i + \lambda_t + \varepsilon_{it}, s = 1, 2, \cdots, 5$$

其中，η_s 表示某一投资动机的对外直接投资对母公司经济绩效的动态（滞后）影响效应；$\eta_s + \theta_s$ 表示其余三种投资动机的对外接投资对母公司经济绩效的动态影响效应；s 表示滞后期，我们分析了滞后 5 年的动态影响效应。其他变量的含义与式（7-3）相同。

二、计量结果

本部分使用核匹配样本，通过采用双向固定效应 DID 方法对式（7-3）的估计来检验不同投资动机对 OFDI-母公司经济绩效关系的静态调节效应；并进一步通过对式（7-4）的估计来检验不同投资动机对 OFDI-母公司经济绩效关系的动态调节效应。估计结果如表 7-7 至表 7-9 所示。

表 7-7　投资动机对 OFDI-母公司经济绩效调节效应的估计结果（a）

	lnTFP				LP			
	商贸服务	当地生产	资源开发	技术研发	商贸服务	当地生产	资源开发	技术研发
t+0	0.0074 (0.0074)	0.1255*** (0.0107)	−0.1830*** (0.0242)	0.0371*** (0.0121)	0.1840*** (0.0095)	0.2445*** (0.0137)	0.2389*** (0.0312)	0.2227*** (0.0156)
t+1	0.0173* (0.0103)	0.0744*** (0.0157)	−0.0545* (0.0318)	−0.0024 (0.0173)	0.1665*** (0.0133)	0.1636*** (0.0203)	−0.083** (0.0410)	0.1447*** (0.0223)
t+2	0.075*** (0.0144)	0.0500** (0.0210)	−0.1740*** (0.0448)	0.0293 (0.0254)	−0.0363* (0.0186)	0.0858*** (0.0271)	0.4066*** (0.0577)	−0.0395 (0.0328)
t+3	0.0177 (0.0177)	0.1822*** (0.0234)	−0.1021** (0.0501)	0.0147 (0.0317)	0.0192 (0.0228)	0.2084*** (0.0300)	−0.369*** (0.0646)	0.1164*** (0.0409)
t+4	0.0241 (0.0216)	−0.206*** (0.0278)	−0.0773 (0.0558)	−0.0516 (0.0379)	0.0339 (0.0279)	−0.290*** (0.0358)	0.1272* (0.0720)	0.0228 (0.0488)
t+5	−0.0413 (0.0211)	−0.057** (0.0293)	0.1807*** (0.0550)	0.0333 (0.0385)	−0.0852*** (0.0272)	−0.0296 (0.0378)	0.2924*** (0.0709)	0.0095 (0.0497)
控制变量	是	是	是	是	是	是	是	是
企业效应	是	是	是	是	是	是	是	是
时间效应	是	是	是	是	是	是	是	是
样本数量	885609	885609	885609	885609	885609	885609	885609	885609

注：括号中报告的是标准误差。***、** 和 * 分别表示在 1%、5% 和 10% 的水平下显著。

表 7-8　投资动机对 OFDI-母公司经济绩效调节效应的估计结果 （b）

	EMPL				SALES			
	商贸服务	当地生产	资源开发	技术研发	商贸服务	当地生产	资源开发	技术研发
t+0	0.4741 *** (0.0155)	0.4796 *** (0.0223)	0.3803 *** (0.0508)	0.4752 *** (0.0254)	0.6468 *** (0.0240)	0.7137 *** (0.0347)	0.6090 *** (0.0789)	0.7033 *** (0.0395)
t+1	0.3831 *** (0.0217)	0.3426 *** (0.0330)	0.3006 *** (0.0667)	0.3699 *** (0.0364)	0.5400 *** (0.0337)	0.4983 *** (0.0513)	0.2100 ** (0.1036)	0.5057 *** (0.0565)
t+2	−0.0057 (0.0303)	0.0729 * (0.0440)	0.0743 (0.0939)	0.1901 *** (0.0533)	−0.0412 (0.0471)	0.1582 ** (0.0685)	0.4807 *** (0.1460)	0.1478 * (0.0829)
t+3	0.0188 (0.0372)	0.1538 *** (0.0490)	−0.0827 (0.1051)	−0.0247 (0.0666)	0.0383 (0.0578)	0.3589 *** (0.0761)	−0.449 *** (0.1633)	0.0917 (0.1035)
t+4	0.0675 (0.0453)	0.1752 *** (0.0583)	0.0853 (0.1171)	0.1164 (0.0795)	0.0999 (0.0705)	0.1172 (0.0906)	0.2085 (0.1820)	0.1360 (0.1235)
t+5	0.1920 *** (0.0443)	0.0298 (0.0615)	−0.0932 (0.1154)	0.1670 ** (0.0808)	0.1045 (0.0688)	0.0590 (0.0956)	0.2025 (0.1793)	0.1746 (0.1256)
控制变量	是	是	是	是	是	是	是	是
企业效应	是	是	是	是	是	是	是	是
时间效应	是	是	是	是	是	是	是	是
样本数量	885609	885609	885609	885609	885609	885609	885609	885609

注：括号中报告的是标准误差。*** 、** 和 * 分别表示在 1%、5% 和 10% 的水平下显著。

表 7-9　投资动机对 OFDI-母公司经济绩效调节效应的估计结果 （c）

	ROA				GRMA			
	商贸服务	当地生产	资源开发	技术研发	商贸服务	当地生产	资源开发	技术研发
t+0	−0.034 *** (0.0002)	−0.026 *** (0.0004)	−0.0541 ** (0.0008)	−0.043 *** (0.0004)	0.0108 *** (0.0009)	−0.0008 (0.0013)	−0.059 *** (0.0030)	−0.009 *** (0.0015)
t+1	−0.023 *** (0.0003)	−0.019 *** (0.0005)	−0.042 *** (0.0011)	−0.034 *** (0.0006)	0.0043 *** (0.0013)	−0.005 *** (0.0020)	−0.041 *** (0.0040)	−0.006 ** (0.0022)
t+2	−0.016 *** (0.0005)	−0.012 *** (0.0007)	−0.0010 (0.0015)	−0.012 *** (0.0009)	0.0065 *** (0.0018)	−0.013 *** (0.0026)	−0.0109 * (0.0056)	−0.0024 (0.0032)
t+3	0.0042 *** (0.0006)	0.0101 *** (0.0008)	0.0046 *** (0.0017)	0.0098 *** (0.0011)	−0.009 *** (0.0022)	−0.009 *** (0.0029)	−0.046 *** (0.0063)	−0.0044 (0.0040)
t+4	0.0039 *** (0.0007)	0.0003 (0.0009)	−0.017 *** (0.0019)	−0.010 *** (0.0013)	0.0054 ** (0.0027)	0.0225 *** (0.0035)	−0.0007 (0.0070)	−0.015 *** (0.0048)

续表

	ROA				GRMA			
	商贸服务	当地生产	资源开发	技术研发	商贸服务	当地生产	资源开发	技术研发
t+5	0.0011 (0.0007)	0.0048*** (0.0010)	−0.014*** (0.0018)	−0.004*** (0.0013)	−0.007*** (0.0026)	0.0395*** (0.0037)	−0.0088 (0.0069)	−0.0088* (0.0048)
控制变量	是	是	是	是	是	是	是	是
企业效应	是	是	是	是	是	是	是	是
时间效应	是	是	是	是	是	是	是	是
样本数量	885609	885609	885609	885609	885609	885609	885609	885609

注：括号中报告的是标准误差。 *** 、 ** 和 * 分别表示在 1%、5% 和 10% 的水平下显著。

表 7-7 至表 7-9 显示，不同投资动机对母公司全要素生产率产生了显著的异质性影响。在企业从事对外直接投资当年，当地生产型和技术研发型对外直接投资对母公司全要素生产率产生显著的促进作用，资源开发型对外直接投资对母公司生产率产生抑制作用，商贸服务型的影响虽然为正但在统计上不显著。从静态视角看，当地生产型对外直接投资型的影响最大（0.1255），技术研发型次之（0.0371），资源开发型影响最小（−0.1830）。当地生产型对外直接投资对母公司全要素生产率的促进作用更为明显，这可能与其利用独特的专有优势对东道国生产要素的开发和利用有关；资源开发型对外直接投资明显抑制母公司全要素生产率，与其投资周期长、非效率目标有关。从动态视角看，商贸服务型对外直接投资在投资 1~2 年后对母公司全要素生产率的提升逐年递减，投资 3 年后其影响效应变得不再显著；当地生产型对外直接投资在投资 1~3 年后依然促进母公司全要素生产率的提升，且投资 3 年后促进作用达到最大（0.1822），但投资 4~5 年后其影响显著变为抑制作用；资源开发型对外直接投资在投资 1~4 年后对母公司全要素生产率的抑制作用呈显著下降趋势，而投资 5 年后明显促进了母公司全要素生产率的提升；技术研发型对外直接投资在投资 1~5 年后对母公司全要素生产率的影响效应不确定且统计上不显著，可能由于技术研发型对外直接投资在学习东道国先进技术和管理经验方面的学习能力和吸收能力明显不足，进而导致其持续创新能力不足。

四种投资动机对母公司劳动生产率的影响在企业从事对外直接投资当年均显著为正，且当地生产型的影响效应最大（0.2445），资源开发型次之（0.2389），商贸服务型最小（0.1840）。从动态视角看，商贸服务型对外直接投资在投资 1~5 年后影响效应明显减少，且在第 2 年和第 5 年产生显著的抑制作用；当地生产型对外直接投资在投资 1~3 年后基本呈现促进作用递减的趋势，投资 4~5 年后促进作用转变为抑制作用；资源开发型对外直接投资在投资 1~3 年后对母公司劳动生产率的影响方向不确定，投资 4~5 年后对母公司劳动生产率产生促进作用；技术研发型对外直接投资在投资 1~5 年后基本上对母公司劳动生产率产生递减的促进作用，但 4~5 年后这种促进作用在统计上变得不再显著。

　　四种投资动机在企业从事对外直接投资当年对母公司就业和销售额均产生显著的促进作用，说明对外直接投资的确扩大了母公司的生产和销售规模，其中当地生产型的促进作用最大（0.4796 和 0.7137），技术研发型次之（0.4752 和 0.7033），资源开发型最小（0.3803 和 0.6090）。从动态视角看，四种投资动机的对外直接投资对母公司就业和销售额的滞后影响效应均呈现递减趋势，当地生产型对外直接投资的滞后影响效应持续时间最长，基本上到投资 5 年后其影响才变得不显著；商贸服务型和技术研发型对外直接投资的影响效应衰减速度快、持续时间较短，资源开发型对外直接投资对就业的影响效应持续时间较短，但对销售额的影响效应持续时间较长。

　　四种投资动机在企业从事对外直接投资当年均对母公司资产收益率产生抑制作用，其中资源开发型的抑制作用最大（-0.0541），技术研发型次之（-0.0432），当地生产型最小（-0.0263）。从动态视角看，投资 1~2 年后四种投资动机的对外直接投资对母公司资产收益率仍然产生抑制作用，但抑制作用不断弱化，当地生产型和商贸服务型对外直接投资在投资 3 年后影响效应从抑制作用转变为促进作用，但资源开发型和技术研发型对外直接投资在投资 3 年后产生促进作用、投资 4~5 年后再次产生抑制作用。在企业从事对外直接投资当年，除商贸服务型对外直接投资对母公司毛利率产生促进作用外，其他三种投资动机对外直接投资均对母公司毛利率产生抑制作用，资源开发型对外直接投资的抑制作用最大（-0.0592）。从动态视角看，商贸服务型对外直接投资在投资 1~2 年后对母公司毛利率的促进作用逐年递减，在投资 3 年后开始生产抑制作用且不断强化；当地生产型对外直接投资在投资 1~3 年后对母公司毛利率均产生抑制作用，4~5 年后产生明显的促进作用；资源开发型和技术研发型对外直接投资在投资 1~5 年后较多地抑制了母公司毛利率的增长，不过这种抑制作用呈现弱化的趋势。

　　上述估计结果表明，与其他投资动机相比，当地生产型对外直接投资对母公司生产率和规模产生较高的促进作用，对母公司财务效率产生较小的抑制作用；随着时间推移四种投资动机的对外直接投资对母公司经济绩效的影响效应均呈现弱化趋势，其中当地生产型的影响效应持续时间较长，而商贸服务型和技术研发型的影响效应持续时间较短。

三、稳健性检验

不同投资动机调节 OFDI-母公司经济绩效关系的检验结果表明，与其他投资动机相比，当地生产型对外直接投资对母公司生产率和规模产生较高的促进作用，对母公司财务效率产生较小的抑制作用；随着时间推移四种投资动机的对外直接投资对母公司经济绩效的影响效应均呈现弱化趋势，其中当地生产型的影响效应持续时间较长，而商贸服务型和技术研发型的影响效应持续时间较短。考虑到匹配方法、外部经济环境及企业其他战略决策对企业经济绩效的影响，需要对上述估计结果进行稳健性检验。

1. 改变样本匹配方法

在估计不同投资动机对 OFDI-母公司经济绩效关系的调节效应时，我们使用了核匹配方法进行样本匹配，在匹配过程中对匹配方法的选择可能会影响估计结果。为了检验上述估计结果是否依赖于具体的匹配方法，我们采用 1∶3 的近邻匹配方法和卡尺匹配方法重新进行样本匹配，以进行稳健性检验。受限于篇幅，使用近邻匹配方法进行样本匹配的估计结果略去。使用卡尺匹配方法进行样本匹配的估计结果如表 7-10 至表 7-12 所示。无论使用 1∶3 近邻匹配方法匹配样本的估计结果还是采用卡尺匹配方法匹配样本的估计结果，均与上述用核匹配方法匹配样本的估计结果没有实质性差异。

表 7-10　投资动机调节效应的稳健性检验：改变样本匹配方法（a）

	lnTFP				LP			
	商贸服务	当地生产	资源开发	技术研发	商贸服务	当地生产	资源开发	技术研发
t+0	0.1007 *** (0.0346)	0.2209 *** (0.0506)	−0.0467 (0.1203)	0.1193 *** (0.0541)	0.1130 *** (0.0347)	0.1801 *** (0.0507)	0.0723 (0.1206)	0.1403 *** (0.0543)
t+1	0.1048 ** (0.0470)	0.1359 * (0.0700)	−0.1661 (0.1848)	0.0542 (0.0760)	0.1044 ** (0.0472)	0.0819 (0.0701)	−0.1240 (0.1853)	0.0680 (0.0762)
t+2	−0.1506 ** (0.0649)	0.1482 * (0.0893)	07770 ** (0.3115)	0.0380 (0.1095)	−0.1411 ** (0.0651)	0.2165 ** (0.0896)	0.9348 *** (0.3123)	0.0433 (0.1098)

续表

	lnTFP				LP			
	商贸服务	当地生产	资源开发	技术研发	商贸服务	当地生产	资源开发	技术研发
t+3	0.0717 (0.0797)	0.2806 *** (0.1029)	−0.9133 *** (0.3148)	0.0197 (0.1319)	0.0641 (0.0799)	0.3236 *** (0.1032)	−1.1813 *** (0.3156)	0.0350 (0.1323)
t+4	0.0174 (0.0954)	−0.2052 (0.1268)	−0.1634 (0.3306)	0.0664 (0.1600)	0.0269 (0.0957)	−0.1777 (0.1272)	−0.1697 (0.3315)	0.0930 (0.1604)
t+5	−0.0321 (0.0972)	−0.0660 (0.1588)	0.4250 (0.3923)	0.0001 (0.1716)	−0.0125 (0.0974)	−0.0860 (0.1592)	0.5838 (0.3934)	0.0426 (0.1721)
控制变量	是	是	是	是	是	是	是	是
企业效应	是	是	是	是	是	是	是	是
时间效应	是	是	是	是	是	是	是	是
样本数量	885106	885106	885106	885106	885106	885106	885106	885106

注：括号中报告的是标准误差。 *** 、 ** 和 * 分别表示在 1%、5% 和 10% 的水平下显著。

表 7-11 投资动机调节效应的稳健性检验：改变样本匹配方法（b）

	EMPL				SALES			
	商贸服务	当地生产	资源开发	技术研发	商贸服务	当地生产	资源开发	技术研发
t+0	0.4491 *** (0.0226)	0.4558 *** (0.0330)	0.4616 *** (0.0786)	0.5004 *** (0.0354)	0.1121 *** (0.0325)	0.1803 *** (0.0506)	0.0718 (0.1305)	0.1415 ** (0.0552)
t+1	0.3371 *** (0.0307)	0.2892 *** (0.0457)	0.3385 ** (0.1208)	0.3700 *** (0.0496)	0.1038 ** (0.0451)	0.0821 (0.0701)	−0.1254 (0.1877)	0.0692 * (0.0412)
t+2	−0.0476 (0.0424)	0.0696 (0.0584)	−0.0235 (0.2035)	0.1133 (0.0715)	−0.1405 ** (0.0642)	0.2155 ** (0.0856)	0.9332 *** (0.3105)	0.0456 (0.1099)
t+3	0.0681 (0.0521)	0.1714 ** (0.0672)	0.0077 (0.2057)	−0.0043 (0.0862)	0.0671 (0.0819)	0.3227 *** (0.1012)	−1.1805 *** (0.3231)	0.0349 (0.1337)
t+4	0.0651 (0.0624)	0.1626 * (0.0829)	0.4232I * (0.2160)	0.1709 (0.1045)	0.0281 (0.0972)	−0.1797 (0.1372)	−0.1703 (0.3458)	0.0952 (0.1753)
t+5	0.1190 * (0.0635)	−0.0703 (0.1038)	−0.2439 (0.2564)	0.0446 * (0.1121)	−0.0138 (0.0983)	−0.0843 (0.1607)	0.5869 (0.4017)	0.0438 (0.1782)
控制变量	是	是	是	是	是	是	是	是
企业效应	是	是	是	是	是	是	是	是
时间效应	是	是	是	是	是	是	是	是
样本数量	885106	885106	885106	885106	885106	885106	885106	885106

注：括号中报告的是标准误差。 *** 、 ** 和 * 分别表示在 1%、5% 和 10% 的水平下显著。

表7-12　投资动机调节效应的稳健性检验：改变匹配方法（c）

	ROA				GRMA			
	商贸服务	当地生产	资源开发	技术研发	商贸服务	当地生产	资源开发	技术研发
t+0	-0.0022 *	-0.0105 **	-0.0409 **	-0.0152 ***	-0.0115 **	-0.0102	-0.0499 **	-0.0219 **
	(0.0012)	(0.057)	(0.0202)	(0.0066)	(0.0058)	(0.0085)	(0.0203)	(0.0091)
t+1	0.0015	-0.0070	-0.0306 **	-0.0141 **	-0.0072 *	-0.0171	-0.0043	-0.0132 *
	(0.0118)	(0.0176)	(0.0164)	(0.0071)	(0.0039)	(0.0117)	(0.0310)	(0.0076)
t+2	-0.0113 *	0.0001	0.0169 **	-0.0063	0.0085	-0.0222 **	0.0526 *	-0.0077
	(0.0063)	(0.0224)	(0.0082)	(0.0275)	(0.0109)	(0.0115)	(0.0313)	(0.0184)
t+3	0.0094	0.0224 ***	-0.0019	0.0149	-0.0063	-0.0122	-0.0442 ***	0.0015
	(0.0200)	(0.0058)	(0.0790)	(0.0331)	(0.0134)	(0.0173)	(0.0178)	(0.0221)
t+4	0.0034	0.0026	-0.0023	0.0023	-0.0026	0.0257 ***	-0.0201	-0.0144 ***
	(0.0240)	(0.0319)	(0.0830)	(0.0402)	(0.0160)	(0.0103)	(0.0555)	(0.0054)
t+5	-0.0123	0.0086	0.0014	0.0002	-0.0080	0.0432 ***	-0.0216 ***	-0.0207
	(0.0244)	(0.0399)	(0.0985)	(0.0431)	(0.0163)	(0.0176)	(0.0086)	(0.0288)
控制变量	是	是	是	是	是	是	是	是
企业效应	是	是	是	是	是	是	是	是
时间效应	是	是	是	是	是	是	是	是
样本数量	885106	885106	885106	885106	885106	885106	885106	885106

注：括号中报告的是标准误差。*** 、** 和 * 分别表示在1%、5%和10%的水平下显著。

2. 改变样本时间跨度

本书使用2007~2016年的样本检验了投资动机对OFDI-母公司经济绩效关系的调节效应。2008年国际金融危机的爆发以及2008~2009年中央和各级政府实施的各项经济政策可能会对企业经济绩效产生影响。为了检验上述实证结果的可靠性，本书将样本的观测期从原来的2007~2016年缩短为2010~2016年。对上述样本重新进行PSM-DID检验的结果（见表7-13至表7-15），与前面的估计结果基本一致。

表7-13　投资动机调节效应的稳健性检验：改变样本时间跨度（a）

	lnTFP				LP			
	商贸服务	当地生产	资源开发	技术研发	商贸服务	当地生产	资源开发	技术研发
t+0	0.0043	0.1795 ***	-0.1279 ***	0.0666 ***	0.1674 ***	0.2022 ***	0.3017 ***	0.2058 ***
	(0.0090)	(0.0140)	(0.0291)	(0.0147)	(0.0114)	(0.0177)	(0.0368)	(0.0186)

续表

	lnTFP				LP			
	商贸服务	当地生产	资源开发	技术研发	商贸服务	当地生产	资源开发	技术研发
t+1	0.0152 (0.0116)	0.1132 *** (0.0178)	0.1421 *** (0.0371)	0.0098 (0.0192)	0.1553 *** (0.0146)	0.1323 *** (0.0225)	−0.0912 ** (0.0469)	0.1127 *** (0.0242)
t+2	−0.082 *** (0.0154)	0.0522 ** (0.0222)	−0.426 *** (0.0530)	0.0311 (0.0271)	−0.0401 ** (0.0195)	0.0840 *** (0.0281)	0.2778 *** (0.0670)	−0.0364 (0.0343)
t+3	0.0030 (0.0188)	0.1802 *** (0.0247)	−0.149 *** (0.0538)	0.0080 (0.0337)	0.0173 (0.0238)	0.2063 *** (0.0313)	−0.397 *** (0.0680)	0.1221 *** (0.0426)
t+4	−0.0390 * (0.0229)	−0.205 *** (0.0295)	−0.1519 ** (0.0597)	−0.0406 (0.0401)	0.0213 (0.0289)	−0.289 *** (0.0373)	0.0012 (0.0755)	0.0338 (0.0507)
t+5	−0.071 *** (0.0225)	−0.0024 (0.0313)	0.1400 ** (0.0590)	0.0638 (0.0411)	−0.0995 *** (0.0285)	0.1007 ** (0.0396)	0.2987 *** (0.0747)	0.0472 (0.0519)
控制变量	是	是	是	是	是	是	是	是
企业效应	是	是	是	是	是	是	是	是
时间效应	是	是	是	是	是	是	是	是
样本数量	562940	562940	562940	562940	562940	562940	562940	562940

注：括号中报告的是标准误差。*** 、** 和 * 分别表示在1%、5%和10%的水平下显著。

表 7-14　投资动机调节效应的稳健性检验：改变样本时间跨度（b）

	EMPL				SALES			
	商贸服务	当地生产	资源开发	技术研发	商贸服务	当地生产	资源开发	技术研发
t+0	0.3649 *** (0.0196)	0.3550 *** (0.0305)	−0.1279 *** (0.0291)	0.3819 *** (0.0321)	0.5124 *** (0.0293)	0.5389 *** (0.0456)	0.5008 *** (0.0948)	0.5671 *** (0.0480)
t+1	0.2746 *** (0.0252)	0.2598 *** (0.0389)	0.1908 ** (0.0809)	0.2827 *** (0.0418)	0.4144 *** (0.0377)	0.3786 *** (0.0581)	0.0893 (0.1209)	0.3804 *** (0.0624)
t+2	−0.0018 (0.0337)	0.0741 (0.0484)	0.0115 (0.1157)	0.1580 *** (0.0592)	−0.0406 (0.0503)	0.1555 ** (0.0723)	0.2920 * (0.1727)	0.1147 (0.0884)
t+3	0.0140 (0.0411)	0.1462 *** (0.0539)	−0.1578 (0.1173)	−0.0451 (0.0735)	0.0315 (0.0614)	0.3448 *** (0.0805)	−0.4114 ** (0.1752)	0.0799 (0.1097)
t+4	0.0836 * (0.0499)	0.1776 *** (0.0643)	0.1271 (0.1303)	0.1051 (0.0874)	0.1006 (0.0746)	−0.1184 (0.0960)	0.1194 (0.1946)	0.1324 (0.1306)

	EMPL				SALES			
	商贸服务	当地生产	资源开发	技术研发	商贸服务	当地生产	资源开发	技术研发
t+5	0.1936*** (0.0491)	0.0822 (0.0683)	-0.1047 (0.1288)	0.1507* (0.0896)	0.0866 (0.0733)	0.1797 (0.0692)	0.2032 (0.1924)	0.1929 (0.1338)
控制变量	是	是	是	是	是	是	是	是
企业效应	是	是	是	是	是	是	是	是
时间效应	是	是	是	是	是	是	是	是
样本数量	562940	562940	562940	562940	562940	562940	562940	562940

注：括号中报告的是标准误差。***、**和*分别表示在1%、5%和10%的水平下显著。

表7-15 投资动机调节效应的稳健性检验：改变样本时间跨度（c）

	ROA				GRMA			
	商贸服务	当地生产	资源开发	技术研发	商贸服务	当地生产	资源开发	技术研发
t+0	-0.0293*** (0.0003)	-0.018*** (0.0005)	-0.055*** (0.0010)	-0.036*** (0.0005)	0.0127*** (0.0013)	0.0075*** (0.0020)	-0.073*** (0.0042)	-0.0089*** (0.0021)
t+1	-0.018*** (0.0004)	-0.012*** (0.0006)	-0.0446*** (0.0013)	-0.0264*** (0.0007)	0.0057*** (0.0017)	-0.0027 (0.0026)	-0.0571** (0.0054)	-0.0050* (0.0028)
t+2	-0.016*** (0.0006)	-0.012*** (0.0008)	-0.0151*** (0.0019)	-0.0080*** (0.0010)	0.0092*** (0.0022)	-0.011*** (0.0032)	0.0041 (0.0077)	-0.0010 (0.0040)
t+3	0.0017** (0.0007)	0.0108*** (0.0009)	0.0010 (0.0019)	0.0069*** (0.0012)	-0.0081*** (0.0027)	-0.0063* (0.0036)	-0.042*** (0.0078)	0.0054 (0.0049)
t+4	0.0011 (0.0008)	-0.0011 (0.0011)	-0.0148*** (0.0022)	-0.0099*** (0.0014)	0.0051 (0.0033)	0.0245*** (0.0043)	0.0272*** (0.0087)	-0.0188*** (0.0058)
t+5	-0.027*** (0.0008)	0.0037*** (0.0011)	-0.0213*** (0.0021)	-0.0007 (0.0015)	-0.0039 (0.0033)	0.0355*** (0.0046)	-0.026*** (0.0086)	-0.0090 (0.0060)
控制变量	是	是	是	是	是	是	是	是
企业效应	是	是	是	是	是	是	是	是
时间效应	是	是	是	是	是	是	是	是
样本数量	562940	562940	562940	562940	562940	562940	562940	562940

注：括号中报告的是标准误差。***、**和*分别表示在1%、5%和10%的水平下显著。

第三节　投资区位对 OFDI-母公司经济绩效关系的调节效应检验

一、模型设定

由于发展水平不同的国家拥有不同的生产技术和管理经验，发达国家拥有国际最先进的技术和管理经验，而发展中国家技术水平发展相对滞后，因而企业在发达国家和发展中国家从事对外直接投资活动对母公司经济绩效的影响机理和影响效应可能存在较大的差异。为了检验不同投资区位对 OFDI 与母公司经济绩效关系的调节效应，我们在式（6-1）的基础上，引入表示投资区位的虚拟变量，将式（6-1）进一步扩展为

$$perf_{it} = \beta_0 + \beta_1 ofdi_i \times time_{it} + \beta_2 ofdi_i \times time_{it} \times DCs_i \qquad (7-5)$$
$$+ \delta Z_{it} + c_i + \lambda_t + \varepsilon_{it}$$

其中，DCs_i 表示企业对外直接投资区位的虚拟变量，如果企业在发达国家进行对外直接投资活动，则 $DCs_i = 1$，否则 $DCs_i = 0$。交互项 $ofdi_i \times time_{it}$ 的估计系数 β_1 表示投向发展中国家的对外直接投资对母公司经济绩效的影响效应，交互项 $ofdi_i \times time_{it} \times DCs_i$ 的估计系数 β_2 可以识别与投向发展中国家的对外直接投资相比，投向发达国家的对外直接投资对母公司经济绩效的异质性影响效应，即 $\beta_1 + \beta_2$ 表示投向发达国家的对外直接投资对母公司经济绩效的影响效应。其他变量的界定与前文相同。

为了进一步检验不同投资区位对 OFDI-母公司经济绩效关系调节的动态效应，我们对式（6-2）进行了扩展，即

$$perf_{it} = \beta_0 + \sum \eta_s ofdi_i \times time_{i,t-s} + \sum \theta_s ofdi_i \times time_{i,t-s} \times DCs_i \quad (7-6)$$
$$+ \delta Z_{it} + c_i + \lambda_t + \varepsilon_{it}, s = 1,2,\cdots,5$$

其中，η_s 表示投向发展中国家的对外直接投资对母公司经济绩效的动态影响效应，θ_s 表示投向发达国家的对外直接投资对母公司经济绩效的异质性动态影响效应；s 表示滞后期。其他变量的含义与式（7-5）相同。

二、计量结果

本节使用核匹配样本，通过采用双向固定效应 DID 方法对式（7-5）的估计来检验不同投资区位对 OFDI-母公司经济绩效关系的静态调节效应；并进一步通过对式（7-6）的估计来检验不同投资区位对 OFDI 与母公司经济绩效关系的动态调节效应。估计结果如表 7-16、表 7-17 所示。

表 7-16 投资区位对 OFDI-母公司经济绩效调节效应的估计结果（a）

	lnTFP		LP		EMPL	
	发达国家	发展中国家	发达国家	发展中国家	发达国家	发展中国家
t+0	0.0409*** (0.0072)	0.0070 (0.0078)	0.2507*** (0.0092)	0.1588*** (0.0101)	0.4959*** (0.0150)	0.4488*** (0.0164)
t+1	0.0223** (0.0102)	0.0394*** (0.0111)	0.1418*** (0.0132)	0.1559*** (0.0142)	0.3756*** (0.0214)	0.3568*** (0.0232)
t+2	0.0332** (0.0144)	−0.0851*** (0.0152)	0.1229*** (0.0186)	−0.083*** (0.0196)	0.0679** (0.0303)	0.0449 (0.0319)
t+3	0.0725*** (0.0174)	0.0668*** (0.0179)	0.0454** (0.0224)	0.1061** (0.0230)	0.0882** (0.0365)	0.0091 (0.0374)
t+4	−0.140*** (0.0216)	−0.0419*** (0.0208)	−0.132*** (0.0279)	0.011 (0.027)	0.1345*** (0.0454)	0.0813* (0.0436)
t+5	0.0193 (0.0225)	−0.0574*** (0.0202)	0.0538* (0.0289)	−0.0645** (0.0261)	0.1190** (0.0471)	0.1156** (0.0425)
控制变量	是	是	是	是	是	是
企业效应	是	是	是	是	是	是
时间效应	是	是	是	是	是	是
样本数量	885609	885609	885609	885609	885609	885609

注：括号中报告的是标准误差。***、** 和 * 分别表示在 1%、5% 和 10% 的水平下显著。

表 7-17　投资区位对 OFDI-母公司经济绩效调节效应的估计结果（b）

	SALES		ROA		GRMA	
	发达国家	发展中国家	发达国家	发展中国家	发达国家	发展中国家
t+0	0.7341 ***	0..5981 ***	−0.041 ***	−0.027 ***	−0.004 ***	−0.0024 ***
	(0.0234)	(0.0256)	(0.0002)	(0.0003)	(0.0009)	(0.0010)
t+1	0.5075 **	0.5049 **	−0.031 ***	−0.018 ***	−0.005 ***	−0.0006
	(0.0333)	(0.0360)	(0.0003)	(0.0004)	(0.0013)	(0.0014)
t+2	0.1902 ***	0.0382	−0.013 ***	−0.0132 **	0.0035 **	−0.0016
	(0.0470)	(0.0495)	(0.0005)	(0.0005)	(0.0018)	(0.0019)
t+3	0.1318 **	0.1158 **	0.0081 ***	0.0065 ***	0.0010	−0.0215 ***
	(0.0568)	(0.0582)	(0.0006)	(0.0006)	(0.0022)	(0.0022)
t+4	0.0004	0.0904	0.0051 ***	0.0019 ***	0.0124 ***	0.0024
	(0.0705)	(0.0678)	(0.0007)	(0.0007)	(0.0027)	(0.0026)
t+5	0.1714 **	0.0500	0.0004	−0.0013 *	−0.008 ***	0.0139 ***
	(0.0732)	(0.0660)	(0.0008)	(0.0007)	(0.0028)	(0.0025)
控制变量	是	是	是	是	是	是
企业效应	是	是	是	是	是	是
时间效应	是	是	是	是	是	是
样本数量	885609	885609	885609	885609	885609	885609

注：括号中报告的是标准误差。*** 、** 和 * 分别表示在 1%、5% 和 10% 的水平下显著。

表 7-16、表 7-17 显示，企业对外直接投资的区位的差异性对母公司全要素生产率产生明显不同的影响效应。在企业从事对外直接投资当年，与投向发展中国家的对外直接投资相比，投向发达国家的对外直接投资对母公司全要素生产率产生较高的促进作用，比投向发展中国家的对外直接投资的影响效应要高出 0.0339 个单位。从动态视角看，投向发达国家的对外直接投资在投资 1~2 年后，对母公司全要素生产率的促进作用呈现整体下降趋势，投资 3 年后促进作用达到最大（0.0725），之后出现抑制作用且在统计上逐渐变得不显著；而投向发展中国家的对外直接投资在投资 1 年后明显提升了母公司全要素生产率，投资 2 年后影响效应变为负向，投资 3 年后促进作用达到最大（0.0668），之后产生显著的抑制作用。在企业从事对外直接投资当年，与投向发展中国家的对外直接投资相比，投向发达国家的对外直接投资对母公司劳动生产率也产生了较高的促进作用，比投向发展中国家的对外直接投资的影响效应高出 0.0919 个

单位。从动态视角看，投向发达国家的对外直接投资在投资 1~3 年后对母公司劳动生产率的促进作用呈递减趋势，投资 4 年后出现抑制作用，投资 5 年后影响效应再次转变为促进作用；投向发展中国家的对外直接投资在投资 2 年后对母公司劳动生产率产生抑制作用，随后出现促进作用，但投资 5 年后再次出现抑制作用。可见，投向不同区位的对外直接投资对母公司劳动生产率的影响程度较全要素生产率高，但影响方向和变动趋势基本一致。

投资区位差异也对母公司就业和销售额产生不同影响。在企业从事对外直接投资当年，投向发达国家的对外直接投资对母公司就业和销售额的促进作用明显高于投向发展中国家的对外直接投资，分别高出 0.0471 个和 0.1760 个单位。从动态视角看，投向发达国家的对外直接投资对母公司就业和销售额的促进作用呈现下降趋势，但影响效应持续时间较长；而投向发展中国家的对外直接投资在投资 1 年后促进作用也出现递减，之后影响效应仍然为正但在统计上显著性下降，其影响效应不仅衰减速度快、持续时间也较短。

不同投资区位对母公司财务效率的影响效应也存在明显的差异。在企业从事对外直接投资当年，无论是投向发达国家的对外直接投资还是投向发展中国家的对外直接投资均会对母公司资本收益率产生抑制作用，且投向发达国家的对外直接投资产生的抑制作用要高出投向发展中国家的对外直接投资 0.0140 个单位。这可能与中国对外直接投资的结构和方式有关。一般而言，投向发达国家的对外直接投资多为商贸服务型和技术研发型，且多数跨国并购也发生在发达国家。从动态视角看，无论是投向发达国家还是投向发展中国家的对外直接投资对母公司资本收益率的抑制作用均呈现弱化趋势，到投资 3 年后对母公司资本收益率的抑制作用转变为促进作用，之后其促进作用也出现递减，到投资 5 年后其影响在统计上变得不再显著。在企业从事对外直接投资当年，不同投资区位对母公司毛利率都产生了抑制作用，投向发达国家的对外直接投资对母公司毛利率的抑制作用高于投向发展中国家的对外直接投资，高出 0.0011 个单位。从动态视角看，投向发达国家的对外直接投资在投资 2 年后对母公司毛利率的抑制作用转变为促进作用，直到投资 5 年后才再次呈现抑制作用；而投向发展中国家的对外直接投资在投资 4 年后影响才从抑制作用转变为促进作用。不同投资区位对母公司毛利率的影响程度虽然低于资产收益率，但其影响方向和变动趋势与资产收益率基本一致。

上述估计结果表明，与投向发展中国家的对外直接投资相比，投向发达国家的对外直接投资对母公司生产率和规模产生较大的促进作用，对母公司财务效率产生较强的抑制作用；随着时间的推移，投向发达国家和投向发展中国家的对外直接投资对母公司经济绩效的影响效应均呈现弱化趋势。

三、稳健性检验

不同投资区位调节 OFDI-母公司经济绩效关系的检验结果表明，与投向发展中国家的对外直接投资相比，投向发达国家的对外直接投资对母公司的生产率和规模产生较大的促进作用，对母公司财务效率产生较强的抑制作用；随着时间的推移，投向发达国家和投向发展中国家的对外直接投资对母公司经济绩效的影响效应均呈现弱化趋势。考虑到匹配方法、外部经济环境及企业其他战略决策对企业经济绩效的影响，需要对上述估计结果进行稳健性检验。

1. 改变样本匹配方法

在估计不同投资区位对 OFDI-母公司经济绩效关系的调节效应时，本节使用了核匹配方法进行样本匹配，在匹配过程中对匹配方法的选择可能会影响匹配样本的容量和匹配效果，进而影响估计结果。为了检验上述估计结果是否依赖于具体的匹配方法，我们采用1∶3 近邻匹配方法和卡尺匹配方法重新进行样本匹配，以进行稳健性检验。受限于篇幅，将使用近邻匹配方法匹配样本的估计结果略去。采用卡尺匹配方法匹配样本的估计结果如表 7-18、表 7-19 所示。无论采用1∶3 近邻匹配方法匹配样本的估计结果还是采用卡尺匹配方法匹配样本的估计结果，均与上述用核匹配方法匹配样本的估计结果没有实质性差异。

表 7-18　投资区位调节效应的稳健性检验：改变样本匹配方法（a）

	lnTFP		LP		EMPL	
	发达国家	发展中国家	发达国家	发展中国家	发达国家	发展中国家
t+0	0.1521 ***	0.0959 **	0.1342 ***	0.1315 ***	0.5453 ***	0.3583 ***
	(0.0332)	(0.0371)	(0.0333)	(0.0372)	(0.0217)	(0.0242)
t+1	0.1144 **	0.0704 **	0.0818 *	0.0917 *	0.4068 ***	0.2507 ***
	(0.0465)	(0.0301)	(0.0466)	(0.0503)	(0.0304)	(0.0327)
t+2	0.0536	−0.0780	0.0998 **	−0.0710 *	0.0197	0.0125
	(0.0669)	(0.0654)	(0.0485)	(0.0346)	(0.0437)	(0.0427)
t+3	0.0887 *	0.1157 **	0.0677	0.1418 *	0.1040 **	0.0492
	(0.0485)	(0.0589)	(0.0803)	(0.0781)	(0.0523)	(0.0509)

续表

	lnTFP		LP		EMPL	
	发达国家	发展中国家	发达国家	发展中国家	发达国家	发展中国家
t+4	−0.0661 (0.0971)	−0.0122 (9.9357)	−0.0487 (0.0974)	0.001 (0.0938)	0.1820*** (0.0634)	0.0829* (0.0411)
t+5	0.0479 (0.1013)	−0.1136** (0.0516)	0.0905 (0.1016)	−0.1271 (0.1060)	0.0393 (0.0662)	0.0344 (0.0691)
控制变量	是	是	是	是	是	是
企业效应	是	是	是	是	是	是
时间效应	是	是	是	是	是	是
样本数量	885106	885106	885106	885106	885106	885106

注：括号中报告的是标准误差。***、** 和 * 分别表示在1%、5%和10%的水平下显著。

表 7-19　投资区位调节效应的稳健性检验：改变样本匹配方法（b）

	SALES		ROA		GRMA	
	发达国家	发展中国家	发达国家	发展中国家	发达国家	发展中国家
t+0	0.1542*** (0.0338)	0.1345*** (0.0372)	−0.0043** (0.0023)	−0.007*** (0.0025)	−0.0056 (0.0056)	−0.0151** (0.0062)
t+1	0.0958* (0.0475)	0.0928* (0.0489)	−0.0048** (0.0023)	−0.0029** (0.0013)	−0.0081** (0.0038)	−0.0132* (0.0072)
t+2	0.0957** (0.0440)	−0.0735* (0.0346)	−0.0082* (0.0043)	−0.0057** (0.0026)	−0.0048 (0.0112)	0.0010 (0.0110)
t+3	0.0682 (0.0824)	0.1425* (0.0781)	0.0149 (0.0201)	0.0130 (0.0196)	0.0031 (0.0134)	−0.0212** (0.0101)
t+4	−0.0492 (0.0951)	0.0028 (0.0638)	0.0003 (0.0244)	0.0052 (0.0235)	0.0140* (0.0081)	−0.0071 (0.0157)
t+5	0.0914 (0.1018)	−0.1233 (0.1078)	0.0077 (0.0254)	0.0098 (0.0265)	−0.0182 (0.0170)	0.0171 (0.0177)
控制变量	是	是	是	是	是	是
企业效应	是	是	是	是	是	是
时间效应	是	是	是	是	是	是
样本数量	885106	885106	885106	885106	885106	885106

注：括号中报告的是标准误差。***、** 和 * 分别表示在1%、5%和10%的水平下显著。

2. 改变样本时间跨度

本节使用 2007~2016 年的样本检验了投资区位对 OFDI 与母公司经济绩效关系的调节效应。2008 年国际金融危机的爆发以及 2008~2009 年中央和各级政府实施的各项经济政策可能会对企业经济绩效产生冲击。为了检验上述实证结果的可靠性，本节将样本的观测期从原来的 2007~2016 年缩短为 2010~2016 年。对上述样本重新进行 PSM-DID 检验，检验的结果（见表 7-20、表 7-21）与本书前面的估计结果基本一致。

表 7-20　投资区位调节效应的稳健性检验：改变样本时间跨度（a）

	lnTFP		LP		EMPL	
	发达国家	发展中国家	发达国家	发展中国家	发达国家	发展中国家
t+0	0.0615*** (0.0088)	0.0314*** (0.0099)	0.2288*** (0.0111)	0.1392*** (0.0125)	0.3679*** (0.0191)	0.3462*** (0.0216)
t+1	0.0362*** (0.0114)	0.0495*** (0.0125)	0.1137*** (0.0144)	0.1457*** (0.0158)	0.2698*** (0.0249)	0.2636*** (0.0273)
t+2	0.0365** (0.0154)	−0.1035*** (0.0152)	0.1230*** (0.0195)	−0.103*** (0.0205)	0.0672** (0.0337)	0.0387 (0.0354)
t+3	0.0655*** (0.0185)	0.0612*** (0.0189)	0.0431* (0.0234)	0.1068*** (0.0230)	0.0890** (0.0404)	0.0036 (0.0413)
t+4	−0.144*** (0.0230)	−0.0580** (0.0220)	−0.140*** (0.0290)	−0.0076 (0.0278)	0.1421*** (0.0501)	0.0924* (0.0480)
t+5	0.0311 (0.0240)	−0.0641*** (0.0216)	0.0809*** (0.0303)	−0.0614** (0.0273)	0.1349** (0.0523)	0.1316** (0.0471)
控制变量	是	是	是	是	是	是
企业效应	是	是	是	是	是	是
时间效应	是	是	是	是	是	是
样本数量	562940	562940	562940	562940	562940	562940

注：括号中报告的是标准误差。***、** 和 * 分别表示在 1%、5% 和 10% 的水平下显著。

表 7-21　投资区位调节效应的稳健性检验；改变样本时间跨度（b）

	SALES		ROA		GRMA	
	发达国家	发展中国家	发达国家	发展中国家	发达国家	发展中国家
t+0	0.5757 *** (0.0285)	0.4681 *** (0.0322)	-0.034 *** (0.0003)	-0.023 *** (0.0004)	0.0042 *** (0.0013)	0.0014 (0.0014)
t+1	0.3680 ** (0.0371)	0.3958 ** (0.0408)	-0.024 *** (0.0004)	-0.014 *** (0.0005)	-0.006 *** (0.0017)	0.0018 (0.0018)
t+2	0.1908 *** (0.0503)	-0.0648 (0.0529)	-0.012 *** (0.0006)	-0.0138 ** (0.0006)	0.0051 ** (0.0023)	0.0017 (0.0023)
t+3	0.1277 ** (0.0603)	0.1112 * (0.0617)	0.0065 *** (0.0007)	0.0054 *** (0.0007)	0.0028 (0.0027)	-0.019 *** (0.0028)
t+4	-0.0052 (0.0748)	0.0801 (0.0717)	-0.007 *** (0.0008)	0.0005 (0.0007)	0.0148 *** (0.0033)	0.0029 (0.0032)
t+5	0.2106 ** (0.0781)	0.0660 (0.0704)	-0.0006 (0.0009)	-0.004 *** (0.0008)	-0.0083 ** (0.0035)	0.0141 *** (0.0032)
控制变量	是	是	是	是	是	是
企业效应	是	是	是	是	是	是
时间效应	是	是	是	是	是	是
样本数量	562940	562940	562940	562940	562940	562940

注：括号中报告的是标准误差。 *** 、 ** 和 * 分别表示在1%、5%和10%的水平下显著。

第四节　投资广度对 OFDI-母公司经济绩效关系的调节效应检验

一、模型设定

　　每个东道国都有自己独特的资源禀赋和区位优势，激励投资国的企业在东道国设立子公司。企业通过在不同东道国设立子公司或分支机构可以整合差异化的市场信息、资源、技术和人力资本，既可以建立全球生产销售网络，实现不同东道国海外子公司与母公司之间先进技术和管理经验的传递和信息共享，增强市场经营的灵活性；也可以增加企业通过经验学习、模仿学习和创新学习获得新技术、新工艺和新知识的概率，增强其在本国和东道国市场的竞争力。为了检验投资广度对 OFDI 与母公司经济绩效关系的调节效应，本节在式（6-1）的基础上，引入表示投资广度的虚拟变量，将式（6-1）进一步扩展为

$$perf_{it} = \beta_0 + \beta_1 ofdi_i \times time_{it} + \beta_2 ofdi_i \times time_{it} \times mult_i$$
$$+ \delta Z_{it} + c_i + \lambda_t + \varepsilon_{it} \tag{7-7}$$

其中，$mult_i$ 表示企业对外直接投资广度的虚拟变量，如果企业在两个及两个以上东道国进行对外直接投资活动，则 $mult_i = 1$，如果企业仅在一个东道国进行对外直接投资活动，则 $mult_i = 0$。交互项 $ofdi_i \times time_{it}$ 的估计系数 β_1 表示仅在单个东道国从事对外直接投资活动对母公司经济绩效的影响效应，交互项 $ofdi_i \times time_{it} \times mult_i$ 的估计系数 β_2 可以识别在多个东道国从事对外直接投资活动对母公司经济绩效的异质性影响。其他变量的界定与前文相同。

为了进一步检验投资广度对 OFDI-母公司经济绩效关系的动态调节效应，我们对式（6-2）进行了扩展，即

$$perf_{it} = \beta_0 + \sum \eta_s ofdi_i \times time_{i,t-s} + \sum \theta_s ofdi_i \times time_{i,t-s} \times mult_i$$
$$+ \delta Z_{it} + c_i + \lambda_t + \varepsilon_{it}, s = 1, 2, \cdots, 5 \tag{7-8}$$

其中，η_s 表示在单个东道国从事对外直接投资活动对母公司经济绩效的动态影响效应，θ_s 表示在多个东道国从事对外直接投资活动对母公司经济绩效的异质性动态影响效应；s 表示滞后期。其他变量的含义与式（7-7）相同。

二、计量结果

本节使用核匹配样本，通过采用双向固定效应 DID 方法对式（7-7）的估计来分析投资广度对 OFDI-母公司经济绩效关系的静态调节效应；并进一步通过对公式（7-8）的估计来分析投资广度对 OFDI 与母公司经济绩效关系的动态调节效应。估计结果如表 7-22、表 7-23 所示。

表 7-22　投资广度对 OFDI-母公司经济绩效关系调节效应的估计结果（a）

	lnTFP		LP		EMPL	
	单个国家	多个国家	单个国家	多个国家	单个国家	多个国家
t+0	-0.025 *** (0.0072)	0.0835 *** (0.0078)	0.1404 *** (0.0093)	0.2878 *** (0.0100)	0.4673 *** (0.0152)	0.4826 *** (0.0163)
t+1	-0.0203 ** (0.0102)	0.0911 *** (0.0111)	0.0580 *** (0.0131)	0.2553 *** (0.0143)	0.3951 *** (0.0213)	0.3362 *** (0.0233)
t+2	-0.0327 ** (0.0150)	0.0314 ** (0.0147)	0.0634 ** (0.0194)	0.1354 *** (0.0189)	0.0220 (0.0315)	0.0899 *** (0.0307)
t+3	0.0111 (0.0192)	0.0974 *** (0.0164)	-0.0132 (0.0248)	0.1237 *** (0.0211)	0.0183 (0.0404)	0.0663 * (0.0344)
t+4	-0.070 *** (0.0239)	-0.1031 *** (0.0192)	-0.0075 (0.0308)	-0.089 *** (0.0248)	0.0807 (0.0502)	0.1146 *** (0.0403)
t+5	-0.0265 (0.0241)	-0.0183 (0.0192)	-0.0656 ** (0.0311)	0.0267 (0.0248)	0.1440 *** (0.0506)	0.0950 ** (0.0403)
控制变量	是	是	是	是	是	是
企业效应	是	是	是	是	是	是
时间效应	是	是	是	是	是	是
样本数量	885609	885609	885609	885609	885609	885609

注：括号中报告的是标准误差。 *** 、 ** 和 * 分别表示在 1%、5% 和 10% 的水平下显著。

表 7-23　投资广度对 OFDI-母公司经济绩效关系调节效应的估计结果（b）

	SALES		ROA		GRMA	
	单个国家	多个国家	单个国家	多个国家	单个国家	多个国家
t+0	0.5965 *** (0.0236)	0.7596 *** (0.0253)	-0.0350 *** (0.0002)	-0.0376 *** (0.0003)	0.0077 *** (0.0009)	-0.0071 *** (0.0009)
t+1	0.4433 ** (0.0332)	0.5834 *** (0.0361)	-0.0287 *** (0.0003)	-0.0207 *** (0.0004)	0.0054 *** (0.0013)	-0.0117 *** (0.0014)
t+2	0.0861 * (0.0490)	0.0533 (0.0478)	-0.0120 *** (0.0005)	-0.0145 *** (0.0005)	0.0029 (0.0019)	-0.0015 (0.0018)
t+3	0.0057 (0.0628)	0.1886 *** (0.0535)	0.0156 *** (0.0006)	0.0015 *** (0.0006)	-0.0003 (0.0024)	-0.0158 *** (0.0021)

续表

	SALES		ROA		GRMA	
	单个国家	多个国家	单个国家	多个国家	单个国家	多个国家
t+4	0.0710 (0.0780)	0.0234 (0.0627)	0.0046*** (0.0008)	0.0012* (0.0006)	−0.0116*** (0.0030)	0.0178*** (0.0024)
t+5	0.0769 (0.0786)	0.1207* (0.0626)	0.0027*** (0.0008)	−0.0021*** (0.0006)	−0.0085*** (0.0030)	0.0113*** (0.0024)
控制变量	是	是	是	是	是	是
企业效应	是	是	是	是	是	是
时间效应	是	是	是	是	是	是
样本数量	885609	885609	885609	885609	885609	885609

注：括号中报告的是标准误差。*** 、** 和 * 分别表示在 1%、5% 和 10% 的水平下显著。

表 7-22、表 7-23 显示，企业对外直接投资广度对母公司全要素生产率产生显著的异质性影响。在企业从事对外直接投资当年，投向多个东道国市场的对外直接投资对母公司全要素生产率产生显著的促进作用，而投向单个东道国市场的对外直接投资对母公司全要素生产率产生抑制作用。从动态视角看，投向多个东道国的对外直接投资在投资 1~3 年后对母公司全要素生产率的促进作用缓慢提高，在投资 4~5 年后其影响效应转变为抑制作用，并在统计上逐渐变得不再显著；投向单个东道国的对外直接投资除了在投资 3 年后呈现不显著的正向影响外，其余年份基本上呈现递增的抑制作用。这可能与前面分析的多国性所拥有的优势有关。在企业从事对外直接投资当年，无论是投向多个东道国还是单个东道国的对外直接投资对母公司劳动生产率均产生显著的促进作用，且投向多个东道国的对外直接投资对母公司劳动生产率产生较大的促进作用，比投向单个东道国的对外直接投资高出 0.1474 个单位。从动态视角看，投向多个东道国的对外直接投资除了在投资 4 年后对母公司劳动生产率产生抑制作用外，其余年份均产生递减的促进作用；投向单个东道国的对外直接投资在投资 1~2 年后虽然对母公司劳动生产率仍产生促进作用，但衰减速度较快，在投资 3~5 年后影响演变为抑制作用。

投资广度对母公司就业和销售额也产生了促进作用。在对外直接投资当年，与投向单个东道国的对外直接投资相比，投向多个东道国的对外直接投资对母公司就业和销售均产生较高的促进作用，分别高出 0.0153 个和 0.1631 个单位。

从动态视角看，投向多个东道国的对外直接投资对母公司就业和销售的促进作用基本上呈现递减趋势，其促进效应持续时间较长；而投向单个东道国的对外直接投资对母公司就业和销售额的促进作用也呈递减趋势，且其促进作用迅速衰减、持续时间较短，基本上在投资 2 年后影响基本不再显著。

投资广度对母公司财务效率也产生了异质性的影响。在对外直接投资当年，投向多个东道国和投向单个东道国的对外直接投资对母公司资本收益率均产生抑制作用，且投向多个东道国的对外直接投资产生的抑制作用高于投向单个东道国的高出 0.0026 个单位。从动态视角看，投向单个东道国的对外直接投资对母公司资本收益率的抑制作用迅速弱化，在投资 3 年后转变为促进作用；而投向多个东道国的对外直接投资对母公司资本收益率的抑制作用在投资 3 年后也转变为促进作用，但在投资 5 年后再次变为抑制作用。在对外直接投资当年，投向单个东道国的对外直接投资促进了母公司毛利率的提高，而投向多个东道国的对外直接投资则抑制了母公司毛利率的提升。从动态视角看，投向单个东道国的对外直接投资在投资 1~2 年后对母公司毛利率的促进作用不断递减，在投资 3~5 年后出现抑制作用；投向多个东道国的对外直接投资在投资 1~3 年后对母公司毛利率的抑制作用则不断强化，而在投资 4~5 年后其影响开始转变为促进作用。这可能是企业在多个东道国进行投资带来了过高的海外经营的额外成本以及较大的管理和协调成本，造成经营规模过大进而出现规模不经济等侵蚀企业利润率。

上述估计结果表明，与投向单个东道国的对外直接投资相比，投向多个东道国的对外直接投资对母公司生产率和规模产生较大的促进作用，对母公司财务效率产生较强的抑制作用；随着时间的推移，投向单个东道国和投向多个东道国的对外直接投资对母公司经济绩效的影响效应均呈现弱化趋势。

三、稳健性检验

投资广度调节 OFDI 与母公司经济绩效关系的检验结果表明，与投向单个东道国的对外直接投资相比，投向多个东道国的对外直接投资对母公司生产率和规模产生较大的促进作用，对母公司财务效率产生较强的抑制作用；随着时间的推移，投向单个东道国和投向多个东道国的对外直接投资对母公司经济绩效的影响效应均呈现弱化趋势。考虑到匹配方法、外部经济环境及企业其他战略决策对企业经济绩效的影响，需要对上述估计结果进行稳健性检验。

1. 改变样本匹配方法

在估计投资广度对 OFDI-母公司经济绩效关系的调节效应时，本节使用了核匹配方法进行样本匹配，在匹配过程中对匹配方法的选择可能会影响匹配样本容量和匹配效果，进而影响估计结果。为了检验上述估计结果是否依赖于具体的匹配方法，我们采用 1:3 近邻匹配方法和卡尺匹配方法重新进行样本匹配，以进行稳健性检验。受限于篇幅，将采用近邻匹配方法匹配样本的估计结果略去。使用卡尺匹配方法匹配样本的估计结果如表 7-24、表 7-25 所示。无论采用 1:3 近邻匹配方法匹配样本的估计结果还是采用卡尺匹配方法匹配样本的估计结果，均与上述用核匹配方法匹配样本的估计结果没有实质性差异。

表 7-24 投资广度调节效应的稳健性检验：改变样本匹配方法（a）

	lnTFP		LP		EMPL	
	单个国家	多个国家	单个国家	多个国家	单个国家	多个国家
t+0	0.0888***	0.1722***	0.0535*	0.2266***	0.4710***	0.4513***
	(0.0337)	(0.0365)	(0.0321)	(0.0366)	(0.0220)	(0.0238)
t+1	0.0772*	0.1174**	0.0379*	0.1458***	0.3822***	0.2789***
	(0.0465)	(0.0500)	(0.0212)	(0.0502)	(0.0304)	(0.0327)
t+2	−0.0658*	0.0211	−0.0228*	0.0276	−0.0416	0.0682*
	(0.0307)	(0.0648)	(0.0112)	(0.0649)	(0.0443)	(0.0383)
t+3	0.0192	0.1517**	0.0173	0.1547**	−0.0085	0.1402***
	(0.0884)	(0.0722)	(0.0887)	(0.0724)	(0.0578)	(0.0472)
t+4	−0.0346	−0.0410	−0.0387	−0.0116	0.1065*	0.1442***
	(0.1123)	(0.0843)	(0.1126)	(0.0845)	(0.0501)	(0.0551)
t+5	−0.0403	−0.0104	−0.0289	0.0118	0.0173	0.0736
	(0.1180)	(0.0936)	(0.1184)	(0.0939)	(0.0771)	(0.0612)
控制变量	是	是	是	是	是	是
企业效应	是	是	是	是	是	是
时间效应	是	是	是	是	是	是
样本数量	885106	885106	885106	885106	885106	885106

注：括号中报告的是标准误差。***、** 和 * 分别表示在 1%、5% 和 10% 的水平下显著。

表 7-25　投资广度调节效应的稳健性检验：改变样本匹配方法（b）

	SALES		ROA		GRMA	
	单个国家	多个国家	单个国家	多个国家	单个国家	多个国家
t+0	0.0545* (0.0325)	0.2274*** (0.0358)	−0.0028 (0.0085)	−0.0073 (0.0092)	−0.0062* (0.0039)	−0.0141** (0.0061)
t+1	0.0369* (0.0198)	0.1460*** (0.0504)	−0.0022 (0.0117)	−0.0058* (0.0034)	−0.0075* (0.0043)	−0.0147** (0.0064)
t+2	−0.0221* (0.0106)	0.0285 (0.0631)	−0.0105* (0.0061)	−0.0033 (0.0163)	−0.0005 (0.0114)	−0.0021 (0.0109)
t+3	0.0174 (0.0897)	0.1542** (0.0715)	0.0133* (0.0078)	0.0136** (0.0066)	0.0042 (0.0148)	−0.0159* (0.0083)
t+4	−0.0365 (0.1143)	−0.0128 (0.0851)	0.0051 (0.0282)	0.0018 (0.0211)	−0.0179* (0.0093)	0.0169** (0.0071)
t+5	−0.0297 (0.1156)	0.0120 (0.0912)	0.0073 (0.0296)	0.0089 (0.0235)	−0.0131 (0.0198)	0.0105 (0.0157)
控制变量	是	是	是	是	是	是
企业效应	是	是	是	是	是	是
时间效应	是	是	是	是	是	是
样本数量	885106	885106	885106	885106	885106	885106

注：括号中报告的是标准误差。***、**和*分别表示在1%、5%和10%的水平下显著。

2. 改变样本时间跨度

本节使用2007~2016年的样本检验了投资广度对OFDI-母公司经济绩效关系的调节效应。2008年国际金融危机的爆发以及2008~2009年中央和各级政府实施的各项经济政策、企业战略决策的改变可能会对企业经济绩效产生影响。为了检验上述实证结果的可靠性，本书将样本的观测期从原来的2007~2016年缩短为2010~2016年。对上述样本重新进行PSM-DID检验，检验的结果（见表7-26、表7-27）与本书前面的估计结果基本一致。

表 7-26　投资广度调节效应的稳健性检验：改变样本时间跨度（a）

	lnTFP		LP		EMPL	
	单个国家	多个国家	单个国家	多个国家	单个国家	多个国家
t+0	0.0071 (0.0087)	0.1030 *** (0.0100)	0.1614 *** (0.0120)	0.2266 *** (0.0127)	0.3559 *** (0.0189)	0.3615 *** (0.0218)
t+1	0.0021 (0.0112)	0.0971 *** (0.0127)	0.0757 *** (0.0142)	0.1961 *** (0.0161)	0.2876 *** (0.0245)	0.2971 *** (0.0278)
t+2	−0.0232 (0.0160)	−0.0490 ** (0.0157)	0.0851 ** (0.0203)	−0.057 *** (0.0198)	0.0069 (0.0350)	0.0963 *** (0.0342)
t+3	0.0053 (0.0205)	0.0962 *** (0.0174)	−0.0023 (0.0259)	0.1262 *** (0.0220)	−0.0007 (0.0447)	0.0723 * (0.0379)
t+4	−0.081 *** (0.0254)	−0.1127 *** (0.0204)	−0.0386 (0.0321)	−0.091 *** (0.0257)	0.1113 ** (0.0554)	0.1107 ** (0.0444)
t+5	−0.0218 (0.0257)	−0.0164 (0.0205)	−0.0309 (0.0325)	0.0285 (0.0260)	0.1298 ** (0.0561)	0.1344 ** (0.0448)
控制变量	是	是	是	是	是	是
企业效应	是	是	是	是	是	是
时间效应	是	是	是	是	是	是
样本数量	562940	562940	562940	562940	562940	562940

注：括号中报告的是标准误差。***、** 和 * 分别表示在 1%、5% 和 10% 的水平下显著。

表 7-27　投资广度调节效应的稳健性检验：改变样本时间跨度（b）

	SALES		ROA		GRMA	
	单个国家	多个国家	单个国家	多个国家	单个国家	多个国家
t+0	0.4972 *** (0.0283)	0.5699 *** (0.0326)	−0.0341 *** (0.0003)	−0.0363 *** (0.0004)	0.0074 *** (0.0013)	−0.0030 ** (0.0015)
t+1	0.3469 ** (0.0366)	0.4305 *** (0.0415)	−0.0258 *** (0.0004)	−0.0117 *** (0.0005)	0.0054 *** (0.0016)	−0.0110 *** (0.0019)
t+2	0.0932 * (0.0523)	0.0354 (0.0511)	−0.0127 *** (0.0006)	−0.0142 *** (0.0006)	0.0036 (0.0023)	0.0053 ** (0.0023)
t+3	−0.0015 (0.0668)	0.1947 *** (0.0566)	0.0133 *** (0.0007)	0.0002 (0.0006)	0.0013 (0.0030)	−0.0142 *** (0.0025)

续表

	SALES		ROA		GRMA	
	单个国家	多个国家	单个国家	多个国家	单个国家	多个国家
t+4	0.0667 (0.0827)	0.0146 (0.0663)	−0.0065 *** (0.0009)	−0.0005 (0.0006)	−0.0076 ** (0.0037)	0.0175 *** (0.0030)
t+5	0.0943 (0.0837)	0.1582 ** (0.0669)	−0.0001 (0.0009)	−0.0037 *** (0.0007)	−0.0074 ** (0.0037)	0.0106 *** (0.0030)
控制变量	是	是	是	是	是	是
企业效应	是	是	是	是	是	是
时间效应	是	是	是	是	是	是
样本数量	562940	562940	562940	562940	562940	562940

注：括号中报告的是标准误差。 ***、 ** 和 * 分别表示在1%、5%和10%的水平下显著。

第五节　本章小结

在第六章设定的企业对外直接投资影响母公司经济绩效的静态模型和动态模型的基础上，本章引入调节 OFDI 与母公司经济绩效关系的虚拟变量，检验投资模式、投资动机、投资区位和投资广度的差异对 OFDI 与母公司经济绩效关系的影响。研究发现，不同投资模式、投资动机、投资区位和投资广度均对母公司经济绩效产生差异性影响。具体而言，与绿地投资相比，跨国并购对母公司生产率和规模产生较高的促进作用，且随着时间的推移这种促进作用呈现下降趋势甚至出现抑制作用；跨国并购对母公司财务效率的抑制作用也明显高于绿地投资，但这种抑制作用随着时间的推移也明显弱化甚至转变为促进作用。与其他投资动机相比，当地生产型对外直接投资对母公司生产率和规模产生较高的促进作用，对母公司财务效率产生较小的抑制作用；随着时间的推移四种投资动机的对外直接投资对母公司经济绩效的影响效应均呈现弱化趋势。与投向发展中国家的对外直接投资相比，投向发达国家的对外直接投资对母公司的生产率和规模产生较大的促进作用，对母公司财务效率产生相对较强的抑制作用；随着时间的推移投向发达国家和投向发展中国家的对外直接投资对母公司经济绩效的影响效应均呈现弱化趋势。与投向单个东道国的对外直接投资相比，投向多个东道国的对外直接投资对母公司的生产率和规模产生较大的促进作用，对母公司财务效率产生较强的抑制作用；随着时间的推移投向单个东道国和投向多个东道国的对外直接投资对母公司经济绩效的影响效应均呈现弱化趋势。

考虑到匹配方法、产业政策、外部经济环境及企业其他战略决策对企业经济绩效的影响，我们也通过改变样本匹配方法和改变样本时间跨度对上述估计结果进行稳健性检验，证实无论是改变样本匹配方法还是改变样本时间跨度进行估计的结果均与上述估计结果基本一致。

第八章

研究结论与政策建议

第一节　研究结论

本书在对现有研究文献进行梳理的基础上，以多理论综合视角构建了一个关于对外直接投资与母公司经济绩效关系的综合理论视角框架，并以此为基础分析了对外直接投资对母公司经济绩效的影响机理，以及企业对外直接投资模式、投资动机、投资区位和投资广度对企业对外直接投资与母公司经济绩效关系的调节机理；使用 2007~2016 年 194453 家中国企业的经验数据，采用倾向评分匹配方法中的核匹配对 OFDI 企业组与非 OFDI 企业组进行匹配，获得匹配样本；并进一步采用双向固定效应 DID 方法估计对外直接投资对母公司经济绩效的静态和动态影响效应，以及进入模式、投资动机、投资区位和投资广度对对外直接投资与母公司经济绩效关系的静态和动态调节效应。基于上述分析得出以下研究结论：

（1）企业对外直接投资提升了母公司生产率、扩大了母公司规模，但抑制了母公司财务效率的改善。与非对外直接投资企业相比，企业从事对外直接投资使母公司全要素生产率和劳动生产率分别提升了 0.0254 个和 0.2088 个单位，就业和销售额分别提高了 0.4744 个和 0.6722 个单位，但使母公司资本收益率降低了 0.0348 个单位，而对母公司毛利率没有显著影响。

（2）企业对外直接投资对母公司经济绩效产生了动态影响效应。企业对外直接投资 1~5 年后，$ofdi_i \times time_{it}$ 的估计系数在统计上基本显著，说明企业对外直接投资对母公司经济绩效的确存在滞后影响效应。企业对外直接投资对母公司生产率产生滞后影响，两者之间呈现反 S 形关系，即投资 1~2 年后对外直接投资对母公司生产率的影响逐年下降，投资 3 年后其正向影响最大，投资 4~5 年后其影响效应不仅下降而且转变为负；企业对外直接投资对母公司就业和销售额也存在明显的滞后影响效应，两者之间呈现 V 形关系，即投资 1~3 年后对外直接投资对母公司就业和销售额虽然产生促进作用，但边际影响效应递减；投资 4~5 年后其影响效应又开始逐年上升；企业对外直接投资对母公司财务绩效也存在明显的滞后影响效应，两者之间基本呈现负相关的线性关系，即投资 1~4 年后对外直接投资对母公司财务绩效的影响虽然为负，但负向影响效应逐年弱化，投资 5 年后其影响效应虽仍然为负但统计上不再显著。

（3）与绿地投资相比，跨国并购对母公司生产率和规模产生较高的促进作用，且随着时间的推移这种促进作用呈现下降趋势甚至出现抑制作用；跨国并购对母公司财务效率的抑制作用也明显高于绿地投资，但这种抑制作用随着时间的推移也明显弱化甚至转变为促进作用。在企业对外直接投资当年，跨国并购对母公司全要素生产率、劳动生产率、就业和销售额的促进作用明显高于绿地投资，分别高出 0.1906 个、0.2403 个、0.3607 个和 0.3606 个单位；同样跨国并购对母公司资产收益率和毛利率的抑制作用也明显高于绿地投资，分别高出 0.0151 个和 0.0320 个单位。绿地投资和跨国并购均对母公司经济绩效产生显著的动态影响效应，其中跨国并购影响效应持续时间较长。绿地投资和跨国并购均与母公司全要素生产率、劳动生产率、资本收益率之间基本上呈现反 S 形关系，而绿地投资和跨国并购分别与母公司就业、销售额、毛利率之间呈现 V 形关系。

（4）与其他投资动机相比，当地生产型对外直接投资对母公司生产率和规模产生较高的促进作用，对母公司财务效率产生较小的抑制作用；随着时间的推移四种投资动机的对外直接投资对母公司经济绩效的影响效应均呈现弱化趋势，其中当地生产型对外直接投资的影响效应持续时间较长，而商贸服务型和技术研发型对外直接投资的影响效应持续时间较短。在企业从事对外直接投资当年，当地生产型对外直接投资对母公司全要素生产率、劳动生产率、就业和销售额的促进作用最大，分别为 0.1255、0.2445、0.4796 和 0.7137，对母公司资本收益率的抑制作用最小（-0.0263），对母公司毛利率没有显著影响；而资源开发型对外直接投资对母公司就业和销售额的促进作用最小（0.38.03 和 0.6090），对母公司全要素生产率、资产收益率和毛利率的抑制作用最大（-0.1830、-0.0541 和-0.059）。从动态视角看，当地生产型对外直接投资对母公司经济绩效的影响较大且持续时间最长，其对母公司全要素生产率和劳动生产率在投资 1~3 年的时间里均产生促进作用，到投资 4~5 年后产生抑制作用，对母公司就业和销售额产生逐年递减的促进作用且在投资 4~5 年后其影响效应在统计上不显著；资源开发型对外直接投资对母公司全要素生产率、劳动生产率、资本收益率和毛利率均产生持续的抑制作用；商贸服务型和技术研发型对外直接投资对母公司经济绩效的动态影响效应衰减速度快、持续时间短。

（5）与投向发展中国家的对外直接投资相比，投向发达国家的对外直接投资对母公司生产率和规模产生较大的促进作用，对母公司财务效率产生较强的抑制作用；随着时间的推移投向发达国家和投向发展中国家的对外直接投资对母公司经济绩效的影响效应均呈现弱化趋势。在企业从事对外直接投资当年，与投向发展中国家的对外直接投资相比，投向发达国家的对外直接投资对母公司全要素生产率、劳动生产率、就业和销售额均产生较高的促进作用，比投向发展中国家的对外直接投资的促进作用分别高出 0.0339 个、0.0919 个、0.0471 个和 0.1760 个单位，而投向发达国家的对外直接投资对母公司资本收益率和毛利率产生较强的抑制作用，比投向发展中国家对外直接投资的抑制作用分别高出 0.0140 个和 0.0011 个单位。从动态视角看，投向发达国家的对外直接投资对母公司全要素生产率和劳动生产率的促进作用在投资 1~3 年后呈现递减趋势、投资 4~5 年后出现抑制作用，而投向发展中国家的对外直接投资对母公司全要素生产率和劳动生产率仅在投资 1 年后和 3 年后产生促进作用，其余年份基本产生抑制作用；无论是投向发达国家还是投向发展中国家的对外直接投资对母公司就业和销售额的促进作用均呈现递减趋势，但投向发展中国家的对外直接投资的影响效应衰减速度快、持续时间短；无论是投向发达国家还是发展中国家的对外直接投资对母公司资本收益率和毛利率的抑制作用均呈现弱化趋势，到投资 3 年后抑制作用转变为促进作用。

（6）与投向单个东道国的对外直接投资相比，投向多个东道国的对外直接投资对母公司生产率和规模产生较大的促进作用，对母公司财务效率产生较强的抑制作用；随着时间的推移投向单个东道国和投向多个东道国的对外直接投资对母公司经济绩效的影响效应均呈现弱化趋势。在企业从事对外直接投资当年，投向多个东道国的对外直接投资对母公司全要素生产率、劳动生产率、就业和销售额均产生较大的促进作用，与投向单个东道国的对外直接投资相比，分别高出 0.0783 个、0.1474 个、0.0153 个和 0.1631 个单位，而对母公司资本收益率和毛利率产生较强的抑制作用，与投向单个东道国的对外直接投资相比，分别高出 0.0026 个和 0.0148 个单位。从动态视角看，投向多个东道国的对外直接投资在投资 1~3 年后对母公司全要素生产率和劳动生产率产生促进作用、在投资 4~5 年后其影响效应要么转变为抑制作用要么在统计上变得不显著，而投向单个东道国的对外直接投资对母公司全要素生产率和劳动生产率在大部分年份产生抑制作用；投向多个东道国和投向单个东道国的对外直接投资对母公司就业和销售额的促进作用基本呈现下降趋势，且前者的促进作用持续时间较长，而后者的促进作用迅速衰减、持续时间较短；投向多个东道国的对外直接投资对母公司资本收益率和毛利率的影响先呈现抑制作用然后在投资 4~5 年后呈现促进作用，而投向单个东道国的对外直接投资对母公司资本收益率的影响先呈现抑制作用然后转为促进作用，对毛利率的影响则正好相反。

第二节　政策建议

基于上述研究结论，要提高企业对外直接投资对母公司经济绩效的促进作用、弱化抑制作用，各级政府和企业需要在以下几方面做出努力。

一、政府层面

企业的对外直接投资活动是市场行为，以企业为主体、以市场为导向、按照商业原则和国际惯例进行运作。然而，在开放经济条件下，对外直接投资不仅是企业的行为，而且是企业、市场相互作用的结果。在企业对外直接投资过程中，政府可以在政策引导、制度建设和完善、强化服务保障等方面发挥积极作用，确保企业对外直接投资持续健康发展。政府的作用具体体现在以下方面：

1. 健全和完善对外直接投资管理制度

为确保对外直接投资企业能够有效地开展对外直接投资活动，使企业对外直接投资活动有序、健康发展，需要建立和完善现有的对外直接投资管理制度。①实行一次审批、多次有效的政策。中国海外投资项目虽然已经从原来的审批制改为备案制，但备案制的程序也很复杂。一般跨国并购项目需要花费三个月时间才能走完程序，但许多跨国并购项目需要短时间内支出保证金、派出专业项目团队，烦琐的程序和较长的周期往往导致项目错失良机。因此，通过实行一次审批、多次有效的政策，简化审批程序，精简审批内容，完善登记制度，放宽审批条件；同时实行"属地化"审批原则，即由地方政府相关部门审批，然后报中央相关部门备案监管，下放审批权限，缩短审批周期。②建立专门的对外投资管理机构，加快海外投资立法。现行的对外投资管理政策主要由各部门的规章和规范性文件构成，缺乏明确的制度安排，政策制定和落实没有统一的法律可遵循，存在政出多门、难以协调、效率低下等问题。因此，应当由几个部门联席组建专门的对外投资管理机构，统一制定企业海外投资的总体规划、方针政策和相关管理措施，对企业对外直接投资进行政策、产业和区位引导，并通过加强海外投资立法，使促进企业对外直接投资的金融、财税等相关政策真正落到实处。③加强事后管理。长期以来，企业对外直接投资的事后监管往往流于形式，事后管理比较薄弱。因此，应当设立专门的对外投资机构加强对外直接投资企业的年审工作，了解企业财务状况和重大投资决策，明确对外投资企业的责任和义务，并要求其提供国际收支和海外资产负债统计等；对于违反规定的对外直接投资企业必须予以相应的法律、经济和行政处罚。

2. 建立健全对外直接投资的财政和金融政策支持体系

随着中国企业对外直接投资规模的不断扩大，各级政府在政策引导企业对外直接投资的基础上，需要在财政和金融政策方面予以大力支持。具体表现在：一方面，针对从事对外直接投资企业制定专项税收减免政策和设立专项扶持基金，加大对对外直接投资企业的支持力度。在继续扩大签署税收协定多边公约的范围、避免对对外直接投资企业双重征税的同时，各级政府可以实行海外投资损失准备金制度和海外投资收入税收减免制度，设立政府鼓励企业对外直接投资和海外投资风险保障的专项扶持基金，对在海外建立工业园区的企业给予资金上的扶持，建立海外投融资担保基金和海外投资财政引导资金，支持和鼓励更多优势企业有序走出国门，化解企业对外直接投资的资金需求困境，降低企业海外投资风险。另一方面，强化对从事对外直接投资企业的金融保险政策支持力度。进一步扩大中国进出口银行、国家开发银行对从事对外直接投资企业尤其是民营企业海外投资优惠贷款规模，完善海外投资贷款风险补偿金和贴息制度；鼓励有条件的金融机构建立和发展海外分支机构，积极创新金融产品和融资模式，运用项目融资、银团贷款、出口信贷、对外担保、混合贷款等多种方式，为对外直接投资企业提供全方位的金融服务；推进金融机构发展对外投资信用担保业务，强化企业信用评级力度，提供对外投资的保险服务，为企业从事对外直接投资提供必要的资金支持，有效解决企业特别是民营企业海外投资的融资难问题。

3. 强化海外投资平台和投资服务援助体系建设

由于制度距离、文化距离以及信息不对称等问题的存在，中国企业对外直接投资往往面临极大的不确定性和风险。然而，目前政府对东道国投资环境、相关政策、市场现状、法规、风俗习惯、宗教信仰等方面的信息收集缺乏时效性和准确性，因此从事对外直接投资的企业只能依靠自身力量收集相关信息，面临成本高、难度大、可靠性差的问题；同时严重缺乏为企业对外直接投资活动提供国际化、专业化服务的金融、技术、信息、法律、财务等专业服务机构，影响企业做出正确的对外投资决策。因此，在企业对外直接投资过程中，不仅需要政府政策的引导，更需要政府提供各种服务。①建立综合性服务平台和网络体系。由政府相关部门牵头或引导，组织各级商会、贸促会、行业协会等建设对外投资数据库，运用"互联网+"思维，利用网站、"两微一端"等信息平台，为企业对外直接投资提供东道国政治、经济、文化等环境信息，提供海外投资区位、行业选择的指导性意见等，为国家和企业对外直接投资决策提供公共基础信息服务。②积极培育和发展促进对外投资的涉外金融、技术、信息、法律、财务等专业服务机构，为企业从事对外直接投资活动提供财务咨询、法律咨询、知识产权鉴定认证等服务，为企业海外投资进行风险评估和可行性分析等，帮助企业寻找优惠贷款、担保及保险，商讨海外投资重大案例的解决办法。③完善政府预警援助机制。利用驻外使领馆、通过政府外交渠道为海外投资企业协调与东道国关系和事务，增强突发事件应急处置能力；通过东道国本地商会、侨团等民间组织疏通企业海外维权投诉救助渠道，切实维护企业合法权益。

二、企业层面

企业作为从事对外直接投资活动的市场主体，在经济全球化日益深化、"一带一路"建设快速推进的背景下，应当主动参与国际分工，充分利用国内和国外两种资源、两个市场，提升自身的国际竞争力和影响力。然而，近年来由于国际政治、经济、外交形势变幻莫测，欧美发达国家以国家安全、产业安全为由设置保护主义门槛，"一带一路"沿线许多发展中国家政局不稳、汇率剧烈波动、重大突发事件频发，中国企业对外直接投资面临的风险和不确定性增加。因此，企业在从事对外直接投资过程中，需要注意以下几个方面：

1. 建立和完善企业对外直接投资的风险管理制度

企业进行对外直接投资面临复杂的国际政治经济环境和人文环境，要遵循市场原则，有条不紊地进入国际市场，避免盲目、非理性的投资行为。①企业事先要制定对外直接投资的长远规划和战略。只有事先制定海外投资的长远规划，明确企业海外投资的战略定位和战略目标，企业才能有序地推进企业国际化进程，有效规避海外市场的经营风险。②建立企业对外直接投资的内外部决策体系。从外部决策看，企业从事对外直接投资之前，要充分利用商务部、海关、驻外领事馆、商会等外部机构提供的本国政府有关对外直接投资的政策、法规以及拟投资对象国的政治、经济、文化等方面的信息，为企业对外直接投资提供决策依据；从内部决策看，企业的高层管理者、董事会、监事会等在企业从事对外直接投资之前，要清楚了解东道国政治、文化、制度等方面的差异性给企业带来的相关风险以及相应的防范措施。③建立企业对外直接投资风险管理信息系统。充分利用"互联网+"、大数据、区块链等信息技术建立企业对外直接投资风险信息系统，全面记录、分析企业从事对外直接投资活动可能遇到的困难和挑战，并通过预警系统对企业在东道国市场的经营风险进行即时预警，尽可能规避海外经营风险。④完善企业对外直接投资风险管理体系。企业在识别对外直接投资风险的基础上，建立对外直接投资风险信息分享平台，通过多种风险评估方法全面评估企业对外直接投资所面临的风险及其影响程度，提出处置风险的程序与预案。

2. 提高企业海外市场的整合能力

中国企业从事对外直接投资不仅需要"走出去"，更重要的是"走进去""走上去"，这就要求对外直接投资企业重视投资后资源、人力、文化等整合，提高自身在东道国市场的整合能力。①制定系统的、具体的整合计划。与国内经营相比，企业对外直接投资在环境、资源禀赋、要素条件、价值观等方面存在较大差异，这就要求企业进入东道国市场后必须制定系统的、具体的整合计划，将企业拥有的特定优势与东道国市场上的资源、技术、人才、文化等各种资源要素进行有机整合，这是企业在海外市场持续、健康发展的关键。②建立良好的沟通机制。从企业与东道国外部利益相关者的角度看，通过特定的渠道将企业、产品等相关信息传播给东道国利益相关者，例如通过公关活动、社交平台等积极主动与东道国媒体、政府、消费者及社会公众进行沟通，借助演讲、媒体发布会、东道国官方网站、产品展示活动等形式，宣传中国企业及其产品，提高中国企业的知名度，使东道国外部利益相关者对中国企业的认识从不熟悉到清晰感知、从误解到正确认知，降低外来者劣势。从企业内部各利益相关者的角度看，由于对外投资企业内部不同国籍、不同文化背景的员工之间因社会文化、语言、价值观、宗教信仰等方面的差异，在公司发展战略、管理方式、发展模式上往往存在较大分歧，容易引起公司内部矛盾和内部管理冲突。正视文化差异，利用信息化手段，建立良好的交流、沟通和协调机制，有效进行资源、组织、人力资本、文化等多方面的整合，产生协同效应，也是企业对外直接投资成功的关键点之一。

3. 加强企业国际化人才的培养

企业无论是对对外直接投资进行风险管控还是进行投资后的整合，均需要既具有丰富的国际投资经验，又拥有专门的生产技术和管理技能，且通晓国际商务惯例、国际营销知识、东道国语言等复合型国际化人才。因此，中国企业在从事对外直接投资的过程中，应借鉴和学习国外先进经验，强化人力资源的培训与开发，培养拥有跨国运营和整合管理经验的复合型国际化人才。

4. 选择合适的对外直接投资策略

企业对外直接投资动机、对外直接投资决策影响企业的绩效，因此，企业从事对外直接投资要结合自身的所有权优势，充分考虑投资动机和东道国的市场、资源、制度等因素，选择合适的投资区位、进入东道国市场的模式、投资广度等。

第三节　研究展望

本书在现有研究文献的基础上，基于多理论综合视角，分析了企业从事对外直接投资对母公司经济绩效的影响机理和影响效应，在一定程度上拓展了现有研究成果。但限于笔者理论和实证研究的能力，以及企业层面微观数据获得困难等原因，本书的研究还存在诸多不足，而这些不足正是未来有待于进一步研究的方向。具体体现在：

（1）本书研究过程中没有探讨对外直接投资及其战略选择对母公司创新效率的影响效应和调节效应。本书研究所使用的主要数据库为"Oriana 亚太企业分析库"，其中大部分样本企业缺失研发、专利、新产品产值等指标，因而本书研究过程中仅仅使用全要素生产率、劳动生产率、就业、销售额、资本收益率和毛利率衡量企业的生产绩效和财务绩效，而没有分析对外直接投资及其战略选择对母公司创新效率的影响效应和调节效应。

(2) 本书研究过程中没有分析对外直接投资影响母公司经济绩效的中介效应。本书虽然从理论上详细分析了对外直接投资影响母公司经济绩效的机理，同样受限于数据的可获得性，没有检验对外直接投资影响母公司经济绩效的中介效应。后续笔者将进一步通过数据挖掘、调研、文本大数据分析方法深入探讨影响企业对外直接投资对母公司创新绩效的调节效应和中介效应。

参考文献

[1] Ackerberg D, Benkard C L, Berry S, et al. Econometric tools for analyzing market outcomes [M]//Heckman J and Leamer E. Handbook of Econometrics. Amsterdam: North-Holland, 2007 (6): 4171-4276.

[2] Ackerberg D, Caves K, Frazer G. Structural identification of production functions [R]. MPRA Working Paper, 2006, No. 38349.

[3] Adner R, Levinthal D A. What is not a real option: Considering boundaries for the application of real options to business strategy [J]. Academy of Management Review, 2004, 29 (1): 74-85.

[4] Agarwal S, Ramaswami S N. Choice of foreign market entry mode: Impact of ownership, location and internalization factors [J]. Journal of International Business Studies, 1992, 23 (1): 1-27.

[5] Aigner D, Lovell C A K, Schmidt P. Formulation and estimation of stochastic frontier production function models [J]. Journal of Econometrics, 1977, 6 (1): 21-37.

[6] Ameer W, Xu H, Alotaish M S M. Outward foreign direct investment and domestic investment: Evidence from China [J]. Economic research – Ekonomskaistraživanja, 2017, 30 (1): 777-788.

[7] Amighini A A, Rabellotti R, Sanfilippo M. Do Chinese state-owned and private enterprises differ in their internationalization strategies? [J]. China Economic Review, 2013 (27): 312-325.

[8] Andersen O. On the internationalization process of firms: A critical analysis [J]. Journal of International Business Studies, 1993, 24 (2): 209-231.

[9] Anderson E, Gatignon H. Modes of foreign entry: A transaction cost analysis and propositions [J]. Journal of International Business Studies, 1986, 17 (3): 1-26.

［10］Anwar S, Sun S. Firm heterogeneity and FDI-related productivity spillovers: A theoretical investigation ［J］. The Journal of International Trade & Economic Development, 2019, 28（1）: 1-10.

［11］Argyris C, Schön D A. Organizational learning: A theory of action perspective ［J］. Reis, 1997（77/78）: 345-348.

［12］Arnold J M, Hussinger K. Exports versus FDI in German manufacturing: Firm performance and participation in international markets ［J］. Review of International Economics, 2010, 18（4）: 595-606.

［13］Banker R D, Charnes A, Cooper W W. Some models for estimating technical and scale inefficiencies in data envelopment analysis ［J］. Management Science, 1984, 30（9）: 1078-1092.

［14］Baptista R, Swann P. Do firms in clusters innovate more? ［J］. Research Policy, 1998, 27（5）: 525-540.

［15］Barba Navaretti G, Castellani D. Investments abroad and performance at home: Evidence from Italian multinationals ［R］. CEPR Discussion Papers, 2004.

［16］Barkema H G, Drogendijk R. Internationalising in small, incremental or larger steps? ［J］. Journal of International Business Studies, 2007, 38（7）: 1132-1148.

［17］Barkema H G, Vermeulen F. International expansion through start-up or acquisition: A learning perspective ［J］. Academy of Management Journal, 1998, 41（1）: 7-26.

［18］Barney J B. Gaining and sustaining competitive advantage ［M］. NewJersey: Prentice Hall, 1997

［19］Barney J. Firm resources and sustained competitive advantage ［J］. Journal of Management, 1991, 17（1）: 99-120.

［20］Basar S, Özkilbac A G S C. Effects of outward foreign direct investment of Turkey on economic growth and domestic investment ［J］. Ankara Üniversitesi SBF Dergisi, 2016, 71（1）: 231-247.

［21］Benito G R G, Gripsrud G. The expansion of foreign direct investments: Discrete rational location choices or a cultural learning process? ［J］. Journal of International Business Studies, 1992, 23（3）: 461-476.

［22］Bertrand O, Betschinger M A. Performance of domestic and cross-border acquisitions: Empirical evidence from Russian acquirers ［J］. Journal of Comparative

Economics, 2012, 40（3）：413-437.

［23］Bertrand O, Capron L. Productivity enhancement at home via cross-border acquisitions: The roles of learning and contemporaneous domestic investments ［J］. Strategic Management Journal, 2015, 36（5）：640-658.

［24］Bevan A, Estrin S, Meyer K. Foreign investment location and institutional development in transition economies ［J］. International Business Review, 2004, 13（1）：43-64.

［25］Bitzer J, Görg H. Foreign Direct Investment, Competition and Industry Performance ［J］. World Economy, 2010, 32（2）：221-233.

［26］Boddewyn J J, Halbrich M B, Perry AC. Service multinationals: Conceptualization, measurement and theory ［J］. Journal of International Business Studies, 1986, 17（3）：41-57.

［27］Brouthers K D, Brouthers L E, Werner S. Dunning's eclectic theory and the smaller firm: The impact of ownership and locational advantages on the choice of entry modes in the computer software industry ［J］. International Business Review, 1996, 5（4）：377-394.

［28］Brouthers K D, Brouthers L E, Werner S. Real options, international entry mode choice and performance ［J］. Journal of Management Studies, 2008, 45（5）：936-960.

［29］Brouthers K D, Brouthers L E, Werner S. Resource-based advantages in an international context ［J］. Journal of Management, 2008, 34（2）：189-217.

［30］Brouthers K D, Brouthers L E. Why service and manufacturing entry mode choices differ: The influence of transaction cost factors, risk and trust ［J］. Journal of Management Studies, 2003, 40（5）：1179-1204.

［31］Brouthers K D. Institutional, cultural and transaction cost influences on entry mode choice and performance ［J］. Journal of International Business Studies, 2002, 33（2）：203-221.

［32］Buckley A, Tse K. Real operating options and foreign direct investment: A synthetic approach ［J］. European Management Journal, 1996, 14（3）：304-314.

［33］Buckley P J, Casson M. The future of the multinational enterprise ［M］. London: Palgrave Macmillan, 1976.

［34］Buckley P J, Clegg J, Cross A R, et al. The determinants of Chinese outwardforeign direct investment ［J］. Journal of International Business Studies, 2007, 38 (4): 499-518.

［35］ Buckley P J, Forsans N, Munjal S. Host-home country linkages and host-home country specific advantages as determinants of foreign acquisitions by Indian firms ［J］. International Business Review, 2012, 21: 878-890.

［36］ Calabrese G G, Manello A. Firm internationalization and performance: Evidence for designing policies ［J］. Journal of Policy Modeling, 2018, 40 (6): 1221-1242.

［37］ Cantwell J A, Mudambi R. Physical attraction and the geography of knowledge sourcing in multinational enterprises ［J］. Global Strategy Journal, 2011, 1 (3-4): 206-232.

［38］ Cantwell J. A survey of theories of international production ［M］//Pitelis C, Sugden R. The Nature of the Transnational Firm. London and New York: Routledge, 2000.

［39］ Capel J. How to service a foreign market under uncertainty: A real option approach ［J］. European Journal of Political Economy, 1992, 8 (3): 455-475.

［40］ Castellani D. Firms' technological trajectories and the creation of foreign subsidiaries ［J］. International Review of Applied Economics, 2002, 16 (3): 359-371.

［41］ Caves D W, Christensen L R, Diewert W E. The economic theory of index numbers and the measurement of input, output, and productivity ［J］. Econometrica, 1982, 50 (6): 1393-1414.

［42］ Chang S J, Rosenzweig P M. The choice of entry mode in sequential foreign direct investment ［J］. Strategic Management Journal, 2001, 22 (8): 747-776.

［43］ Chari A, Chen W, Dominguez K M E. Foreign ownership and firm performance: Emerging market acquisitions in the United States ［J］. IMF Economic Review, 2012, 60 (1): 1-42.

［44］ Charnes A, Cooper W W, Golany B, et al. Foundations of data envelopment analysis for Pareto-Koopmans efficient empirical production functions ［J］. Journal of Econometrics, 1985, 30 (1): 91-107.

［45］ Charnes A, Cooper W W, Rhodes E. Measuring the efficiency of decision making units ［J］. European Journal of Operational Research, 1978, 2 (6):

429-444.

[46] Chen K M, Yang S F. Impact of outward foreign direct investment on domestic R&D activity: Evidence from taiwan's multinational enterprises in low-wage countries [J]. Asian Economic Journal, 2013, 27 (1): 17-38.

[47] Chen V Z, Li J, Shapiro D M. International reverse spillover effects on parent firms: Evidences from emerging-market MNEs in developed markets [J]. European Management Journal, 2012, 30 (3): 204-218.

[48] Chen W, Tang H. The dragon is flying west: Micro-level evidence of Chinese outward direct investment [J]. Asian Development Review, 2014, 31 (2): 109-140.

[49] Chung W, Alcácer J. Knowledge seeking and location choice of foreign direct investment in the United States [J]. Management Science, 2002, 48 (12): 1534-1554.

[50] Clegg J, Lin H M, Voss H, et al. The OFDI patterns and firm performance of Chinese firms: The moderating effects of multinationality strategy and external factors [J]. International Business Review, 2016, 25 (4): 971-985.

[51] Coelli T. A multi-stage methodology for the solution of orientated DEA models [J]. Operations Research Letters, 1998, 23 (3): 143-149.

[52] Cook W, Green R, Zhu J. Dual-role factors in data envelopment analysis [J]. IIE Transactions, 2006, 38 (2): 105-115.

[53] Cozza C, Rabellotti R, Sanfilippo M. The impact of outward FDI on the performance of Chinese firms [J]. China Economic Review, 2015 (36): 42-57.

[54] Cuervo-Cazurra A, Maloney M M, Manrakhan S. Causes of the difficulties in internationalization [J]. Journal of International Business Studies, 2007, 38 (5): 709-725.

[55] Damijan J, Kostevcč, Rojec M. Not every kind of outward FDI increases parent firm performance: The case of new EU member states [J]. Emerging Markets Finance and Trade, 2017, 53 (1): 74-97.

[56] Damijan J P, Polanec S, Prašnikar J. Outward FDI and productivity: Micro-evidence from Slovenia [J]. World Economy, 2007, 30 (1): 135-155.

[57] Debaere P, Lee H, Lee J. It matters where you go: Outward foreign direct investment and multinational employment growth at home [J]. Journal of Development

Economics, 2010, 91 (2): 301-309.

[58] Del Gatto M, Di Liberto A, Petraglia C. Measuring productivity [J]. Journal of Economic Surveys, 2011, 25 (5): 952-1008.

[59] Delios A, Henisz W I. Japanese firms' investment strategies in emerging economies [J]. Academy of Management Journal, 2000, 43 (3): 305-323.

[60] Delios A, Henisz W J. Political hazards, experience, and sequential entry strategies: The international expansion of Japanese firms, 1980-1998 [J]. Strategic Management Journal, 2003, 24 (11): 1153-1164.

[61] Deng P. Why do Chinese firms tend to acquire strategic assets in international expansion? [J]. Journal of World Business, 2009, 44 (1): 74-84.

[62] Desai M A, Foley C F, Hines Jr J R. Foreign direct investment and the domestic capital stock [J]. American Economic Review, 2005, 95 (2): 33-38.

[63] Desai M A. The decentering of the global firm [J]. World Economy, 2009, 32 (9): 1271-1290.

[64] Diewert W E. Exact and superlative index numbers [J]. Journal of econometrics, 1976, 4 (2): 115-145.

[65] Di Minin A, Zhang J. An exploratory study on international R&D strategies of Chinese companies in Europe [J]. Review of Policy Research, 2010, 27 (4): 433-455.

[66] Driffield N, Chiang P C. The effects of offshoring to China: Reallocation, employment and productivity in Taiwan [J]. International Journal of the Economics of Business, 2009, 16 (1): 19-38.

[67] Driffield N, Love J H, Yang Y. Reverse international knowledge transfer in the MNE: (Where) does affiliate performance boost parent performance? [J]. Research Policy, 2016, 45 (2): 491-506.

[68] Dunning J H. Explaining changing patterns of international production: In defence of the eclectic theory [J]. Oxford Bulletin of Economics and Statistics, 1979, 41 (4): 269-295.

[69] Dunning J H, Kundu S K. The internationalization of the hotel industry: some new findings from a field study [J]. MIR: Management International Review, 1995: 101-133.

[70] Dunning J H. Location and the multinational enterprise: A neglected fac-

tor? [J]. Journal of international business studies, 1998, 29 (1): 45-66.

[71] Dunning J H, Lundan S M. Multinational enterprises and the global economy [M]. Wokingham: Addison Wesley, 1993.

[72] Dunning J H. Multinational enterprises and the globalization of innovatory capacity [J]. Research Policy, 1994, 23 (1): 67-88.

[73] Dunning J H. Reappraising the eclectic paradigm in an age of alliance capitalism [J]. Journal of International Business Studies, 1995, 26 (3): 461-491

[74] Dunning J H, Rugman A M. The influence of Hymer's dissertation on the theory of foreign direct investment [J]. The American Economic Review, 1985, 75 (2): 228-232.

[75] Dunning J H. The eclectic (OLI) paradigm of international production: Past, present and future [J]. International Journal of The Economics of Business, 2001, 8 (2): 173-190.

[76] Dunning J H. The eclectic paradigm as an envelope for economic and business theories of MNE activity [J]. International Business Review, 2000, 9 (2): 163-190.

[77] Dunning J H. The eclectic paradigm of international production: A restatement and some possible extension [J]. Journal of International Business Studies, 1988, 19 (1): 1-31.

[78] Dunning J H. The globalization of business [M]. London and New York: Routledge, 1993.

[79] Dunning J H. Toward an eclectic theory of international production: Some empirical tests [J]. Journal of International Business Studies, 1980, 11 (1): 9-31.

[80] Dunning J H. Trade, location of economic activity and the MNE: A search for an eclectic approach [M]//Hesselborn P O, Ohlin B, Wijkman P M. The International Allocation of Economic Activity. London: Palgrave Macmillan, 1977.

[81] Edamura K, Haneda S, Inui T, et al. Impact of Chinese cross-border outbound M&As on firm performance: Econometric analysis using firm-level data [J]. China Economic Review, 2014 (30): 169-179.

[82] Eden L, Miller S R. Distance matters: Liability of foreignness, institutional distance and ownership strategy [M]//Hitt M A, Cheng J L. Theories of the multinational enterprise: Diversity, complexity and relevance. Leeds: Emerald Group

Publishing Limited, 2004.

[83] Elango B, Pattnaik C. Building capabilities for international operations through networks: A study of Indian firms [J]. Journal of International Business Studies, 2007, 38 (4): 541-555.

[84] Elango B, Sambharya R B. The influence of industry structure on the entry mode choice of overseas entrants in manufacturing industries [J]. Journal of International Management, 2004, 10 (1): 107-124.

[85] Engel D, Procher V. Export, FDI and firm productivity [J]. Applied Economics, 2012, 44 (15): 1931-1940.

[86] Eriksson K, Johanson J, Majkgard A, et al. Experiential knowledge and cost in the internationalization process [J]. Journal of International Business Studies, 1997, 38 (2): 337-360.

[87] Fang E E, Zou S. Antecedents and consequences of marketing dynamic capabilities in international joint ventures [J]. Journal of International Business Studies, 2009, 40 (5): 742-761.

[88] Farrell M J, Fieldhouse M. Estimating efficient production functions under increasing returns to scale [J]. Journal of the Royal Statistical Society. Series A (General), 1962, 125 (2): 252-267.

[89] Farrell M J. The measurement of productive efficiency [J]. Journal of the Royal Statistical Society. Series A (General), 1957, 120 (3): 253-290.

[90] Feenstra R C, Li Z, Yu M. Exports and credit constraints under incomplete information: Theory and evidence from China [J]. Review of Economics and Statistics, 2014, 96 (4): 729-744.

[91] Filatotchev I, Strange R, Piesse J, et al. FDI by firms from newly industrialised economies in emerging markets: Corporate governance, entry mode and location [J]. Journal of International Business Studies, 2007, 38 (4): 556-572.

[92] Fletcher M, Harris S. Knowledge acquisition for the internationalization of the smaller firm: Content and sources [J]. International Business Review, 2012, 21 (4): 631-647.

[93] Fletcher R. A holistic approach to internationalization [J]. International Business Review, 2001, 10 (1): 25-49.

[94] Flowers E B. Oligopolistic reactions in european and canadian direct in-

vestment in The United States [J]. Journal of International Business Studies, 1976, 7 (2): 43-55.

[95] Forsgren M. The concept of learning in the Uppsala internationalization process model: A critical review [J]. International Business Review, 2002, 11 (3): 257-277.

[96] Färe R, Grosskopf S, Lindgren B, et al. Productivity changes in Swedish pharamacies 1980–1989: A non–parametric Malmquist approach [J]. Journal of Productivity Analysis, 1992, 3 (1-2): 85-101.

[97] Färe R, Grosskopf S, Lindgren B, et al. Productivity developments in Swedish hospitals: A Malmquist output index approach [R]. Discussion Paper of Southern Illinois University, 1989.

[98] Färe R, Grosskopf S, Norris M, et al. Productivity growth, technical progress, and efficiency change in industrialized countries [J]. The American Economic Review, 1994, 84 (1): 66-83.

[99] Färe R, Grosskopf S. Productivity and intermediate products: A frontier approach [J]. Economics Letters, 1996, 50 (1): 65-70.

[100] Fu X, Hou J, Liu X. Unpacking the relationship between outward direct investment and innovation performance: Evidence from Chinese firms [J]. World Development, 2018 (102): 111-123.

[101] Gao G Y, Pan Y, Lu J, et al. Performance of multinational firms' subsidiaries: Influences of cumulative experience [J]. Management International Review, 2008, 48 (6): 749-768.

[102] Girma S, Görg H. Evaluating the foreign ownership wage premium using a difference-in-differences matching approach [J]. Journal of International Economics, 2007, 72 (1): 97-112.

[103] Girma S, Kneller R, Pisu M. Exports versus FDI: An empirical test [J]. Review of World Economics, 2005, 141 (2): 193-218.

[104] Gomez-Mejia L R, Makri M, Kintana M L. Diversification decisions in family-controlled firms [J]. Journal of Management Studies, 2010, 47 (2): 223-252.

[105] Gong Y, Shenkar O, Luo Y, et al. Do multiple parents help or hinder international joint venture performance? The mediating roles of contract completeness and

partner cooperation [J]. Strategic Management Journal, 2007, 28 (10): 1021-1034.

[106] Goodarzi H, Moghadam S E. Foreign direct investment and its effects on home country: Evidence from developing countries [J]. Journal of Knowledge Globalization, 2014, 7 (1): 1-22.

[107] Hayakawa K, Matsuura T, Motohashi K, et al. Two-dimensional analysis of the impact of outward FDI on performance at home: Evidence from Japanese manufacturing firms [J]. Japan and the World Economy, 2013 (27): 25-33.

[108] Head K, Ries J, Spencer B J. Vertical networks and US auto parts exports: is Japan different? [J]. Journal of Economics & Management Strategy, 2004, 13 (1): 37-67.

[109] Heckman J J, Ichimura H, Todd P E. Matching as an econometric evaluation estimator: Evidence from evaluating a job training programme [J]. The Review of Economic Studies, 1997, 64 (4): 605-654.

[110] Heckman J J, Ichimura H, Todd P. Matching as an econometric evaluation estimator [J]. The Review of Economic Studies, 1998, 65 (2): 261-294.

[111] Helpman E. A simple theory of international trade with multinational corporations [J]. Journal of Political Economy, 1984, 92 (3): 451-471.

[112] Helpman E, Melitz M J, Yeaple S R. Export versus FDI with heterogeneous firms [J]. American Economic Review, 2004, 94 (1): 300-316.

[113] Henisz W J. The power of the Buckley and Casson thesis: the ability to manage institutional idiosyncrasies [J]. Journal of International Business Studies, 2003, 34 (2): 173-184.

[114] Hennart J F. Can the "new forms of investment" substitute for the "old forms?" A transaction costs perspective [J]. Journal of International Business Studies, 1989, 20 (2): 211-234.

[115] Hennart J F. Internalization in practice: Early foreign direct investments in Malaysian tin mining [J]. Journal of International Business Studies, 1986, 17 (2): 131-143.

[116] Herzer D. Outward FDI and economic growth [J]. Journal of Economic Studies, 2010, 37 (5): 476-494.

[117] Herzer D. Outward FDI, total factor productivity and domestic output: Evidence from Germany [J]. International Economic Journal, 2012, 26 (1):

155-174.

[118] Herzer D. The long-run relationship between outward FDI and domestic output: Evidence from panel data [J]. Economics Letters, 2008, 100 (1): 146-149.

[119] Herzer D. The long-run relationship between outward foreign direct investment and total factor productivity: Evidence for developing countries [J]. The Journal of Development Studies, 2011, 47 (5): 767-785.

[120] Hijzen A, Inui T, Todo Y. The effects of multinational production on domestic performance: Evidence from Japanese firms [J]. RIETI Discussion Paper Series, 2007.

[121] Hijzen A, Jean S, Mayer T. The effects at home of initiating production abroad: Evidence from matched French firms [J]. Review of World Economics, 2011, 147 (3): 457.

[122] Hisey K B, Caves R E. Diversification strategy and choice of country: Diversifying acquisitions abroad by US multinationals, 1978-1980 [J]. Journal of International Business Studies, 1985, 16 (2): 51-64.

[123] Hitt M A, Ahlstrom D, Dacin M T, et al. The institutional effects on strategic alliance partner selection in transition economies: China vs. Russia [J]. Organization Science, 2004, 15 (2): 173-185.

[124] Hitt M A, Bierman L, Uhlenbruck K, et al. The importance of resources in the internationalization of professional service firms: The good, the bad, and the ugly [J]. Academy of Management Journal, 2006, 49 (6): 1137-1157.

[125] Holburn G L F, Zelner B A. Political capabilities, policy risk, and international investment strategy: Evidence from the global electric power generation industry [J]. Strategic Management Journal, 2010, 31 (12): 1290-1315.

[126] Hong J, Zhou C, Wu Y, et al. Technology gap, reverse technology spillover and domestic innovation performance in outward foreign direct investment: Evidence from China [J]. China & World Economy, 2019, 27 (2): 1-23.

[127] Hotho J J, Lyles M A, Easterby-Smith M. The mutual impact of global strategy and organizational learning: Current themes and future directions [J]. Global Strategy Journal, 2015, 5 (2): 85-112.

[128] Huang C H, Hou T C T, Yang C H. FDI modes and parent firms' pro-

ductivity in emerging economies: Evidence from Taiwan [J]. The Journal of International Trade & Economic Development, 2013, 22 (8): 1240-1268.

[129] Huang Y, Zhang Y. How does outward foreign direct investment enhance firm productivity? A heterogeneous empirical analysis from Chinese manufacturing [J]. China Economic Review, 2017 (44): 1-15.

[130] Hymer S H. The International Operations of National Firms: A Study of Direct Foreign Investment [M]. Cambridge: MIT Press, 1976.

[131] Imbriani C, Pittiglio R, Reganati F. Outward foreign direct investment and domestic performance: The Italian manufacturing and services sectors [J]. Atlantic Economic Journal, 2011, 39 (4): 369-381.

[132] Isobe T, Makino S, Montgomery D B. Resource commitment, entry timing, and market performance of foreign direct investments in emerging economies: The case of Japanese international joint ventures in China [J]. Academy of Management Journal, 2000, 43 (3): 468-484.

[133] Jensen M C. Takeovers: Their causes and consequences [J]. Journal of Economic Perspectives, 1988, 2 (1): 21-48.

[134] Johanson J, Vahlne J E. Business relationship learning and commitment in the internationalization process [J]. Journal of International Entrepreneurship, 2003, 1 (1): 83-101.

[135] Johanson J, Vahlne J E. The internationalization process of the firm—a model of knowledge development and increasing foreign market commitments [J]. Journal of International Business Studies, 1977, 8 (1): 23-32.

[136] Jorgenson D W, Griliches Z. The explanation of productivity change [J]. The Review of Economic Studies, 1967, 34 (3): 249-283.

[137] Kalinic I, Forza C. Rapid internationalization of traditional SMEs: Between gradualist models and born globals [J]. International Business Review, 2012, 21 (4): 694-707.

[138] Kimura F, Kiyota K. Exports, FDI, and productivity: Dynamic evidence from Japanese firms [J]. Review of World Economics, 2006, 142 (4): 695-719.

[139] Kim Y, Gray S J. The impact of entry mode choice on foreign affiliate performance: The case of foreign MNEs in South Korea [J]. Management International Review, 2008, 48 (2): 165.

[140] Kirca A H, Hult G T M, Roth K, et al. Firm-specific assets, multinationality, and financial performance: A meta-analytic review and theoretical integration [J]. Academy of management journal, 2011, 54 (1): 47-72.

[141] Kogut B, Chang S J. Technological capabilities and Japanese foreign direct investment in the United States [J]. The Review of Economics and Statistics, 1991: 401-413.

[142] Kogut B, Kulatilaka N. Operating flexibility, global manufacturing, and the option value of a multinational network [J]. Management Science, 1994, 40 (1): 123-139.

[143] Kogut B, Singh H. The effect of national culture on the choice of entry mode [J]. Journal of International Business Studies, 1988, 19 (3): 411-432.

[144] Kojima K. Direct foreign investment: A Japanese model of multinational business operation [M]. London: Croom Helm, 1978.

[145] Kostova T. Transnational transfer of strategic organizational practices: A contextual perspective [J]. The Academy of Management Review, 1999, 24 (2): 308-324.

[146] Kumar V, Subramanian V. A contingency framework for the mode of entry decision [J]. Journal of World Business, 1997, 32 (1): 53-72.

[147] Kumbhakar S C, Denny M, Fuss M. Estimation and decomposition of productivity change when production is not efficient: A panel data approach [J]. Econometric Reviews, 2000, 19 (4): 312-320.

[148] Lavie D, Miller S R. Alliance portfolio internationalization and firm performance [J]. Organization Science, 2008, 19 (4): 623-646.

[149] Lee C G. Outward foreign direct investment and economic growth: Evidence from Japan [J]. Global Economic Review, 2010, 39 (3): 317-326.

[150] Lee S, Kim M, Davidson III W N. Value Relevance of Multinationality: Evidence from Korean Firms [J]. Journal of International Financial Management & Accounting, 2015, 26 (2): 111-149.

[151] Lee Y, Chyi Y L, Lin E S, et al. Do local industrial agglomeration and foreign direct investment to China enhance the productivity of Taiwanese firms? [J]. The Journal of International Trade & Economic Development, 2013, 22 (6): 839-865.

[152] Levinsohn J, Petrin A. Estimating production functions using inputs to control for unobservables [J]. The Review of Economic Studies, 2003, 70 (2): 317-341.

[153] Li D, Eden L, Hitt M A, et al. Friends, acquaintances, or strangers? Partner selection in R&D alliances [J]. Academy of Management Journal, 2008, 51 (2): 315-334.

[154] Li J, Li Y. Flexibility versus commitment: MNEs' ownership strategy in China [J]. Journal of International Business Studies, 2010, 41 (9): 1550-1571.

[155] Li J, Strange R, Ning L, et al. Outward foreign direct investment and domestic innovation performance: Evidence from China [J]. International Business Review, 2016, 25 (5): 1010-1019.

[156] Li L, Liu X, Yuan D, et al. Does outward FDI generate higher productivity for emerging economy MNEs? -Micro-level evidence from Chinese manufacturing firms [J]. International Business Review, 2017, 26 (5): 839-854.

[157] Lovell C A K. The decomposition of Malmquist productivity indexes [J]. Journal of Productivity Analysis, 2003, 20 (3): 437-458.

[158] Lu J W, Beamish P W. International diversification and firm performance: The S-curve hypothesis [J]. Academy of Management Journal, 2004, 47 (4): 598-609.

[159] Lu J W, Beamish P W. The internationalization and performance of SMEs [J]. Strategic Management Journal, 2001, 22 (6-7): 565-586.

[160] Luo Y, Shenkar O, Nyaw M K. A dual parent perspective on control and performance in international joint ventures: Lessons from a developing economy [J]. Journal of International Business Studies, 2001, 32 (1): 41-58.

[161] Luo Y, Tung R L. International expansion of emerging market enterprises: A springboard perspective [J]. Journal of International Business Studies, 2007, 38 (4): 481-498.

[162] Lyles M A, Schwenk C R. Top management, strategy and organizational knowledge structures [J]. Journal of Management Studies, 1992, 29 (2): 155-174.

[163] Madsen T K, Servais P. The internationalization of Born Globals: An evolutionary process? [J]. International Business Review, 1997, 6 (6): 561-583.

[164] Maekelburger B, Schwens C, Kabst R. Asset specificity and foreign mar-

ket entry mode choice of small and medium-sized enterprises: The moderating influence of knowledge safeguards and institutional safeguards [J]. Journal of International Business Studies, 2012, 43 (5): 458-476.

[165] Malmquist S. Index numbers and indifference surfaces [J]. Trabajos de Estadistica, 1953, 4 (2): 209-242.

[166] Mansfield E, Romeo A, Schwartz M, et al. Technology transfer, productivity, and economic policy [M]. New York: W. W. Norton, 1982.

[167] Markusen J R. Multinationals, multi-plant economies, and the gains from trade [J]. Journal of international economics, 1984, 16 (3-4): 205-226.

[168] Marschak J, Andrews W H. Random simultaneous equations and the theory of production [J]. Econometrica, Journal of the Econometric Society, 1944, 12 (3/4): 143-205.

[169] Martin X, Salomon R. Knowledge transfer capacity and its implications for the theory of the multinational corporation [J]. Journal of International Business Studies, 2003, 34 (4): 356-373.

[170] Masso J, Varblane U, Vahter P. The effect of outward foreign direct investment on home-country employment in a low-cost transition economy [J]. Eastern European Economics, 2008, 46 (6): 25-59.

[171] Matsuura T. Impact of extensive and intensive margins of FDI on corporate domestic performance: Evidence from Japanese automobile parts suppliers [R]. RIETI Discussion Paper Series, 2015.

[172] Ma X, Delios A. A new tale of two cities: Japanese FDIs in Shanghai and Beijing, 1979-2003 [J]. International Business Review, 2007, 16 (2): 207-228.

[173] Meeusen W, Van den Broeck J. Efficiency estimation from Cobb-Douglas production functions with composed error [J]. International Economic Review, 1977, 18 (2): 435-444.

[174] Meyer K E, Estrin S, Bhaumik S K, et al. Institutions, resources, and entry strategies in emerging economies [J]. Strategic Management Journal, 2009, 30 (1): 61-80.

[175] Meyer K E, Estrin S. Brownfield entry in emerging markets [J]. Journal of International Business Studies, 2001, 32 (3): 575-584.

[176] Meyer K E. Institutions, transaction costs, and entry mode choice in Eastern Europe [J]. Journal of International Business Studies, 2001, 32 (2): 357-367.

[177] Meyer K E, Nguyen H V. Foreign investment strategies and sub-national institutions in emerging markets: Evidence from Vietnam [J]. Journal of Management Studies, 2005, 42 (1): 63-93.

[178] Nachum L. Foreignness, multinationality and inter-organizational relationships [J]. Strategic Organization, 2010, 8 (3): 230-254.

[179] Navaretti G B, Castellani D, Disdier A C. How does investing in cheap labour countries affect performance at home? Firm-level evidence from France and Italy [J]. Oxford Economic Papers, 2010, 62 (2): 234-260.

[180] Nigh D. The effect of political events on United States direct foreign investment: A pooled time-series cross-sectional analysis [J]. Journal of International Business Studies, 1985, 16 (1): 1-17.

[181] O'grady S, Lane H W. The psychic distance paradox [J]. Journal of International Business Studies, 1996, 27 (2): 309-333.

[182] Ojala A. Internationalization of knowledge-intensive SMEs: The role of network relationships in the entry to a psychically distant market [J]. International Musiness Review, 2009, 18 (1): 50-59.

[183] Olley G S, Pakes A. The dynamics of productivity in the telecommunications equipment industry [J]. Econometrica, 1996, 64 (6): 1263-1297.

[184] Owens M, Palmer M, Zueva-Owens A. Institutional forces in adoption of international joint ventures: Empirical evidence from British retail multinationals [J]. International Business Review, 2013, 22 (5): 883-893.

[185] Pennings J M, Barkema H, Douma S. Organizational learning and diversification [J]. Academy of Management Journal, 1994, 37 (3): 608-640.

[186] Peteraf M A. The cornerstones of competitive advantage: A resource-based view [J]. Strategic Management Journal, 1993, 14 (3): 179-191.

[187] Phene A, Almeida P. Innovation in multinational subsidiaries: The role of knowledge assimilation and subsidiary capabilities [J]. Journal of International Business Studies, 2008, 39 (5): 901-919.

[188] Phene A, Tallman S. Complexity, context and governance in biotechnology alliances [J]. Journal of International Business Studies, 2012, 43 (1): 61-83.

[189] Pitelis C. Edith Penrose and a learning-based perspective on the MNE and OLI [J]. Management International Review, 2007, 47 (2): 207-219.

[190] Pradhan J P, Singh N. Outward FDI and knowledge flows: A study of the Indian automotive sector [J]. Institutions and Economies, 2009, 1 (1): 156-187.

[191] Pradhan J P, Singh N. Outward FDI and knowledge flows: A study of the Indian automotive sector [J]. International Journal of Institutions and Economies, 2009, 1 (1): 156-187.

[192] Qian G, Li L, Li J, et al. Regional diversification and firm performance [J]. Journal of International Business Studies, 2008, 39 (2): 197-214.

[193] Ramachandran J, Pant A. The liabilities of origin: An emerging economy perspective on the costs of doing business abroad [J]. Advances in International Management, 2010 (23): 231-265.

[194] Ray S C, Desli E. Productivity growth, technical progress, and efficiency change in industrialized countries: Comment [J]. The American Economic Review, 1997, 87 (5): 1033-1039.

[195] Reuer J J, Leiblein M J. Downside risk implications of multinationality and international joint ventures [J]. Academy of Management Journal, 2000, 43 (2): 203-214.

[196] Rodriguez P, Uhlenbruck K, Eden L. Government corruption and the entry strategies of multinationals [J]. Academy of Management Review, 2005, 30 (2): 383-396.

[197] Rohra N, Chawla K. Motives Behind Mergers & Acquisitions: Theory & Critical Review of Literature [J]. EPRA International Journal of Economic and Business Review, 2015, 3 (4).

[198] Rosenbaum P R, Rubin D B. Constructing a control group using multivariate matched sampling methods that incorporate the propensity score [J]. The American Statistician, 1985, 39 (1): 33-38.

[199] Roy I, Narayanan K. Outward FDI from India and its impact on the performance of firms in the home country [J]. Journal of Asia Business Studies, 2019, 13 (1): 1-32.

[200] Rugman A M. Internalization as a general theory of foreign direct investment: A re-appraisal of the literature [J]. Review of World Economics, 1980, 116

（2）：365-379.

[201] Sapienza H J, Autio E, George G, et al. A capabilities perspective on the effects of early internationalization on firm survival and growth [J]. Academy of Management Review, 2006, 31 (4): 914-933.

[202] Schilling M A, Steensma H K. Disentangling the theories of firm boundaries: A path model and empirical test [J]. Organization Science, 2002, 13 (4): 387-401.

[203] Schroath F W, Hu M Y, Chen H. Country-of-origin effects of foreign investments in the People's Republic of China [J]. Journal of International Business Studies, 1993, 24 (2): 277-290.

[204] Sharma D D, Blomstermo A. The internationalization process of born globals: A network view [J]. International Business Review, 2003, 12 (6): 739-753.

[205] Shi W, Sun S L, Peng M W. Sub-national institutional contingencies, network positions, and IJV partner selection [J]. Journal of Management Studies, 2012, 49 (7): 1221-1245.

[206] Sianesi B. An evaluation of the Swedish system of active labor market programs in the 1990s [J]. Review of Economics and Statistics, 2004, 86 (1): 133-155.

[207] Slangen A, Hennart J F. Greenfield or acquisition entry: A review of the empirical foreign establishment mode literature [J]. Journal of International Management, 2007, 13 (4): 403-429.

[208] Stevens G V G, Lipsey R E. Interactions between domestic and foreign investment [J]. Journal of International Money and Finance, 1992, 11 (1): 40-62.

[209] Stoian C, Mohr A. Outward foreign direct investment from emerging economies: Escaping home country regulative voids [J]. International Business Review, 2016, 25 (5): 1124-1135.

[210] Surdu I, Mellahi K. Theoretical foundations of equity based foreign market entry decisions: A review of the literature and recommendations for future research [J]. International Business Review, 2016, 25 (5): 1169-1184.

[211] Teece D J. A dynamic capabilities-based entrepreneurial theory of the multinational enterprise [J]. Journal of International Business Studies, 2014, 45 (1): 8-37.

［212］Thomas D E. Who goes abroad? International diversification by emerging market firms into developed markets［D］. Texas A & M University, 2001.

［213］Tong T W, Reuer J J, Peng M W. International joint ventures and the value of growth options［J］. Academy of Management Journal, 2008, 51（5）: 1014-1029.

［214］Vachani S. Distinguishing between related and unrelated international geographic diversification: A comprehensive measure of global diversification［J］. Journal of International Business Studies, 1991, 22（2）: 307-322.

［215］Vermeulen F, Barkema H. Learning through acquisitions［J］. Academy of Management Journal, 2001, 44（3）: 457-476.

［216］Vernon R. Comment on chapter by JH Dunning and G. Norman［M］// Erdilek A. Multinational as Mutual Invaders. London: Croom Helm, 1985.

［217］Vernon R. International investment and international trade in the product cycle［J］. The Quarterly Journal of Economics, 1966, 80（2）: 190-207.

［218］Wang C, Hong J, Kafouros M, et al. What drives outward FDI of Chinese firms? Testing the explanatory power of three theoretical frameworks［J］. International Business Review, 2012, 21（3）: 425-438.

［219］Wernerfelt B. A resource-based view of the firm［J］. Strategic Management Journal, 1984, 5（2）: 171-180.

［220］Wu H, Chen J, Liu Y. The impact of OFDI on firm innovation in an emerging country［J］. International Journal of Technology Management, 2017, 74（1-4）: 167-184.

［221］Wu J, Wang C, Hong J, et al. Internationalization and innovation performance of emerging market enterprises: The role of host-country institutional development［J］. Journal of World Business, 2016, 51（2）: 251-263.

［222］Xu D, Shenkar O. Note: Institutional distance and the multinational enterprise［J］. Academy of Management Review, 2002, 27（4）: 608-618.

［223］Yalcinkaya O, Dastan M. The effects of foreign direct investment inwards and outwards on economic growth: Evidence from the top 20 largest economies in the World（1992-2016）［J］. Journal of Economics Finance and Accounting, 2018, 5（1）: 108-126.

［224］Yamawaki H. Location decisions of Japanese multinational firms in European manufacturing industries [M]//Hughes K. European Competitiveness. Cambridge: Cambridge University Press, 1993: 11-28.

[225] Yang S F, Chen K M, Huang T H. Outward foreign direct investment and technical efficiency: Evidence from Taiwan's manufacturing firms [J]. Journal of Asian Economics, 2013 (27): 7-17.

[226] Yiu D, Makino S. The choice between joint venture and wholly owned subsidiary: An institutional perspective [J]. Organization Science, 2002, 13 (6): 667-683.

[227] Zaheer S. Overcoming the liability of foreignness [J]. Academy of Management Journal, 1995, 38 (2): 341-363.

[228] Zahra S A, Ireland R D, Hitt M A. International expansion by new venture firms: International diversity, mode of market entry, technological learning, and performance [J]. Academy of Management Journal, 2000, 43 (5): 925-950.

[229] Zhang F, Jiang G, Cantwell J A. Subsidiary exploration and the innovative performance of large multinational corporations [J]. International Business Review, 2015, 24 (2): 224-234.

[230] Zhao W, Liu L, Zhao T. The contribution of outward direct investment to productivity changes within China, 1991-2007 [J]. Journal of International Management, 2010, 16 (2): 121-130.

[231] 常玉春. 我国企业对外投资绩效的动态特征——以国有大型企业为例的实证分析 [J]. 财贸经济, 2011 (2): 87-94.

[232] 丁一兵, 刘紫薇. 中国制造业企业跨国并购能改善微观绩效吗——基于企业异质性和东道国特征的实证检验 [J]. 产业经济研究, 2019 (2): 1-12.

[233] 龚新蜀, 李梦洁, 张洪振. OFDI 是否提升了中国的工业绿色创新效率——基于集聚经济效应的实证研究 [J]. 国际贸易问题, 2017 (11): 127-137.

[234] 蒋冠宏, 蒋殿春, 蒋昕桐. 我国技术研发型外向 FDI 的 "生产率效应" ——来自工业企业的证据 [J]. 管理世界, 2013 (9): 44-54.

[235] 蒋冠宏, 蒋殿春. 中国工业企业对外直接投资与企业生产率进步 [J]. 世界经济, 2014 (9): 53-76.

[236] 蒋冠宏. 我国企业跨国并购真的失败了吗? ——基于企业效率的再

讨论 [J]. 金融研究, 2017 (4): 46-60.

[237] 刘晓丹, 衣长军. 中国对外直接投资微观绩效研究——基于 PSM 的实证分析 [J]. 世界经济研究, 2017 (3): 68-77.

[238] 鲁晓东, 连玉君. 中国工业企业全要素生产率估计: 1999—2007 [J]. 经济学 (季刊), 2012, 11 (2): 541-557.

[239] 毛其淋, 许家云. 中国企业对外直接投资是否促进了企业创新 [J]. 世界经济, 2014 (8): 98-125.

[240] 聂名华, 齐昊. 对外直接投资能否提升中国工业绿色创新效率?: 基于创新价值链与空间关联的视角 [J]. 世界经济研究, 2019 (2): 111-122, 137.

[241] 欧阳旺东, 刘纪显. 基于数据包络法的 OFDI 对高新技术企业创新效率的影响分析 [J]. 科技与经济, 2019 (1): 31-35.

[242] 裴长洪, 樊瑛. 中国企业对外直接投资的国家特定优势 [J]. 中国工业经济, 2010 (7): 45-54.

[243] 苏莉, 冼国明. 中国企业跨国并购促进生产率进步了吗? [J]. 中国经济问题, 2017, 300 (1): 11-23.

[244] 孙灵希, 储晓茜. 跨国并购与绿地投资的逆向技术溢出效应差异研究 [J]. 宏观经济研究, 2018 (10): 141-153.

[245] 田巍, 余淼杰. 企业生产率和企业 "走出去" 对外直接投资: 基于企业层面数据的实证研究 [J]. 经济学 (季刊), 2012 (1): 383-408.

[246] 王凤彬, 杨阳. 跨国企业对外直接投资行为的分化与整合——基于上市公司市场价值的实证研究 [J]. 管理世界, 2013 (3): 148-171.

[247] 魏凡, 黄远浙, 钟昌标. 对外直接投资速度与母公司绩效: 基于吸收能力视角分析 [J]. 世界经济研究, 2017 (12): 94-103.

[248] 肖慧敏, 刘辉煌. 中国对外直接投资提升了企业效率吗 [J]. 财贸经济, 2014, 35 (5): 70-81.

[249] 谢千里, 罗斯基, 张轶凡. 中国工业生产率的增长与收敛 [J]. 经济学, 2008 (2): 809-826.

[250] 薛安伟. 跨国并购提高企业绩效了吗——基于中国上市公司的实证分析 [J]. 经济学家, 2017, 6 (6): 88-95.

[251] 严兵, 张禹, 李雪飞. 中国企业对外直接投资的生产率效应——基于江苏省企业数据的检验 [J]. 南开经济研究, 2016 (4): 85-98.

［252］杨平丽，曹子瑛．对外直接投资对企业利润率的影响——来自中国工业企业的证据［J］．中南财经政法大学学报，2017（1）：132-139．

［253］杨亚平，吴祝红．中国对外直接投资的逆向溢出效应——基于企业异质性与微观面板数据的考察［J］．产经评论，2015，6（6）：58-68．

［254］杨亚平，吴祝红．中国企业对外直接投资如何影响生产率？——基于中介效应模型和投资动机的实证研究［J］．广西财经学院学报，2019（1）：101-112．

［255］叶娇，赵云鹏．对外直接投资与逆向技术溢出——基于企业微观特征的分析［J］．国际贸易问题，2016（1）：134-144．

［256］叶晓文，李京勋．跨国公司构建全球学习型组织的影响因素研究［J］．生产力研究，2016（12）：142-145．

［257］尹静宜，叶劲松．对外直接投资宽度，东道国发展水平与企业创新［J］．中国发展，2018，18（5）：39-45．

［258］袁东，李霖洁，余淼杰．外向型对外直接投资与母公司生产率——对母公司特征和子公司进入策略的考察［J］．南开经济研究，2015（3）：38-58．

［259］袁其刚，樊娜娜．企业对外直接投资目的地选择的生产率效应［J］．中南财经政法大学学报，2016（1）：123-131．

［260］张爱美，郭静思，吴卫红．融资约束，对外直接投资与企业绩效［J］．工业技术经济，2019，303（1）：151-160．

［261］张海波．对外直接投资能促进我国制造业跨国企业生产率提升吗——基于投资广度和投资深度的实证检验［J］．国际贸易问题，2017（4）：95-106．

［262］张伟，赵明月，郤晨，等．山东省对外直接投资对企业生产率影响的实证分析［J］．山东财经大学学报，2017，29（5）：78-86．

［263］周燕，郑涵钰．对外扩张速度与对外投资绩效：对中国上市公司的考察［J］．国际贸易问题，2019（1）：132-146．

［264］诸竹君，张胜利，黄先海．对外直接投资能治愈僵尸企业吗——基于企业加成率的视角［J］．国际贸易问题，2018（8）：108-120．

后　记

在中国改革开放四十余年载，特别是"走出去"战略的践行和"一带一路"共建的背景下，中国企业"走出去"的道路越来越宽广，中国企业"走出去"的成绩单也可圈可点。然而中国企业要成长为具有国际核心竞争力的世界一流企业，必须实现从简单"走出去"到"走进去""走上去"的蝶变。这正是全球经济发展低迷、逆全球化浪潮攀升之今日，中国企业高质量"走出去"面临的核心问题，也是本书关注的核心问题。

本书最终完成并付梓，得到了许多人的关心、支持与帮助。首先要感谢西安交通大学经济与金融学院冯根福教授、魏玮教授、宋林教授和温军教授，他们在本书的写作过程中提出了许多建设性的意见。

其次特别要感谢西安交通大学经济与金融学院部分博士研究生和硕士研究生，董浩、宋文豪、李佳霖、郭怡杉、马婷、王雪歌、阴曙光等博士生和硕士生做了大量的数据收集、整理等基础性工作，为此书的完成付出了辛勤的汗水。

感谢经济管理出版社王光艳女士为本书的顺利出版所做的大量工作，她认真负责的工作态度，永远值得学习。

张倩肖　冯　雷

2020 年 8 月